Le commerce équitable

Dans la collection Eyrolles Pratique :

- *Communiquer en arabe maghrébin*, Yasmina Bassaïne et Dimitri Kijek
- *Le développement durable au quotidien*, Farid Baddache
- *QCM de culture générale*, Pierre Biélande
- *Le christianisme*, Claude-Henry du Bord
- *QCM Histoire de France*, Nathan Grigorieff
- *Citations latines expliquées*, Nathan Grigorieff
- *Philo de base*, Vladimir Grigorieff
- *Religions du monde entier*, Vladimir Grigorieff
- *Les philosophies orientales*, Vladimir Grigorieff
- *Découvrir la psychanalyse*, Edith Lecourt
- *La littérature française*, Nicole Masson
- *Dictionnaire des symboles*, Miguel Mennig
- *QCM Histoire de l'art*, David Thomisse
- *Comprendre l'islam*, Quentin Ludwig
- *Comprendre le judaïsme*, Quentin Ludwig
- *Comprendre la kabbale*, Quentin Ludwig
- *Le bouddhisme*, Quentin Ludwig
- *L'Europe*, Tania Régin
- *Comprendre le protestantisme*, Geoffroy de Turckheim

Remerciements

L'auteur tient à remercier tout particulièrement Dominique Van Egroo pour sa participation à la rédaction et à la mise en forme de ce livre et pour son approche pédagogique du projet.

Tristan Lecomte

Le commerce équitable

Troisième tirage 2007

EYROLLES

Éditions Eyrolles
61, Bld Saint-Germain
75240 Paris Cedex 05
www.editions-eyrolles.com

Direction de la collection « Eyrolles Pratique » : gheorghi@grigorieff.com
Maquette intérieure et mise en page : M2M

Le code de la propriété intellectuelle du 1er juillet 1992 interdit en effet expressément la photocopie à usage collectif sans autorisation des ayants droit. Or, cette pratique s'est généralisée notamment dans les établissements d'enseignement, provoquant une baisse brutale des achats de livres, au point que la possibilité même pour les auteurs de créer des œuvres nouvelles et de les faire éditer correctement est aujourd'hui menacée.

En application de la loi du 11 mars 1957, il est interdit de reproduire intégralement ou partiellement le présent ouvrage, sur quelque support que ce soit, sans autorisation de l'Éditeur ou du Centre Français d'Exploitation du Droit de Copie, 20, rue des Grands-Augustins, 75006 Paris.

© Groupe Eyrolles, 2004
ISBN 10 : 2-7081-3548-1
ISBN 13 : 978-2-7081-3548-2

Sommaire

Avant-propos 7

Introduction 9

Partie I : Les fondements du commerce équitable 11

Chapitre 1 : Un commerce mondial inéquitable ? 13

Chapitre 2 : Du développement durable au commerce équitable 37

Partie II : Du petit producteur... au consommateur 75

Chapitre 3 : Les producteurs... la cheville ouvrière
du commerce équitable 77

Chapitre 4 : Importateurs et distributeurs,
au cœur du commerce équitable. 113

Chapitre 5 : Les consommateurs citoyens ou « consom'acteurs » 143

Conclusion 173

Annexes 177

Table de matières 189

© Eyrolles Pratique

Avant-propos

En achetant les produits du commerce équitable, nous en faisons grossir la demande, et donc sa production.

À l'autre bout de la chaîne, les petits producteurs des pays du Sud gagnent alors en revenus, lesquels ne se soldent pas en termes de pouvoir d'achat mais en termes de survie : se nourrir et nourrir sa famille, éduquer ses enfants, agir en dignité.

Les droits d'auteur de ce livre seront reversés à une coopérative pour soutenir une nouvelle initiative de commerce équitable. Deux raisons d'acheter *Le commerce équitable* : d'abord en comprendre les ressorts et les enjeux ; puis être partie prenante de ce projet.

Introduction

« *Mieux vaut allumer une bougie
au lieu de maudire les ténèbres.* »
Lao Tseu

De la Thaïlande au Brésil en passant par le Ghana, la Palestine, Cuba, les Philippines, la Bolivie ou encore le Sri Lanka, le Mexique, le Nicaragua, l'Éthiopie et l'Afrique du Sud… quiconque aura la chance d'aller à la rencontre de petits producteurs agricoles ou d'artisans de pays pauvres sera frappé par l'état d'isolement, de dénuement et la situation sans espoir dans laquelle ils se trouvent. Situation sans équivoque. Avec un dollar de revenu journalier, voire moins, où que l'on soit, on ne peut pas vivre et faire vivre sa famille dignement. C'est pourtant ce qu'endure une très large majorité de ces populations qui vendent leurs produits pour une misère, la majorité du temps en dessous de leur réel prix de revient. Depuis la France, on a du mal à s'imaginer cet état de dénuement de populations qui ne demandent qu'à travailler pour mieux vivre, ou du moins survivre. Les inégalités ne cessent de croître. Les prix des matières premières agricoles, dont les revenus de ces pays dépendent fortement, sont à des niveaux extrêmement bas, et l'on voit mal comment cette situation va pouvoir s'améliorer…

Face à cet enjeu, la mondialisation est régulièrement dénoncée comme un des facteurs d'accroissement des inégalités entre les pays pauvres et les pays riches. D'autres au contraire prétendent qu'il faut continuer d'accroître le niveau des échanges internationaux pour répondre aux enjeux du développement des pays pauvres. Une voie moyenne consiste à reconnaître les bienfaits du développement des échanges internationaux sur la croissance économique tout en cherchant à réguler, voire à supprimer les impacts négatifs et inégalitaires de la mondialisation pour les pays du

© Eyrolles Pratique

Sud. Le commerce équitable entre dans cette logique. Il entend développer des relations privilégiées et équilibrées avec des groupes de petits producteurs défavorisés dans les pays du Sud (les pays pauvres) et à promouvoir leur développement durable grâce à la commercialisation de leurs produits, suivant des conditions commerciales avantageuses sur nos marchés développés.

Comment ce mouvement s'est-il développé et en quoi est-il différent du commerce classique ? Que dénonce-t-il dans les termes des échanges commerciaux internationaux actuels ? En quoi consiste-t-il exactement, quelles sont les retombées pour les pays pauvres et à quel avenir est-il promis ? Nous analyserons en quoi l'organisation du commerce mondial peut être considérée comme inéquitable aujourd'hui et comment le mouvement du commerce équitable entend combattre ces inégalités. Du producteur au consommateur, qu'est ce qui change dans la relation de commerce équitable ? Après un descriptif des enjeux du commerce international vis-à-vis du développement des petits producteurs des pays du Sud, nous partirons à la découverte du commerce équitable à travers de multiples témoignages de ses acteurs et partenaires. En tout premier lieu, nous irons rencontrer les producteurs et leurs organisations, mais aussi les responsables de différentes entreprises et associations qui importent et distribuent ces produits. Enfin, nous nous attacherons aux derniers acteurs de la chaîne, sûrement les plus déterminants pour la réussite du commerce équitable à long terme, d'ailleurs : les consommateurs. Depuis ceux qui militent jusqu'à ceux qui achètent, simplement, les produits du commerce équitable. Qui sont-ils, quelles sont leurs motivations d'achat ou au contraire pourquoi n'achètent-ils pas ces produits ? Quel est leur rôle et comment agir ?

© Eyrolles Pratique

Partie I

Les fondements du commerce équitable

Pourquoi, depuis le milieu des années soixante, des associations de solidarité internationale et certaines entreprises ont-elles défendu la notion de commerce équitable ? Pourquoi dit-on que l'organisation actuelle du commerce mondial est inéquitable ? Dans cette première partie, nous essayerons d'identifier les enjeux du commerce mondial et ses dysfonctionnements puis nous définirons le commerce équitable en présentant ses principaux critères, ses acteurs et, plus largement, son organisation au niveau mondial.

Un commerce mondial inéquitable ?

Le commerce équitable se définit en opposition au commerce classique ; il établit donc un postulat : le commerce dans son organisation actuelle est inéquitable.

Si l'on parle de commerce équitable, c'est qu'il existe certains dysfonctionnements dans le mode d'organisation actuel du commerce mondial. Il est en particulier considéré comme inéquitable pour les plus vulnérables, les économies des pays du Sud (pays en développement) et, dans ces économies, surtout pour les petits producteurs, ceux qui n'ont aucun moyen de s'organiser pour répondre aux enjeux.

L'augmentation des échanges et l'augmentation des inégalités Nord-Sud
(Source : « Rapport mondial sur le développement humain », UNDP, 2000)

20 % des pays les plus pauvres produisent 1 % du PIB (produit intérieur brut) mondial, contre 86 % pour les 20 % des pays les plus riches.

Les marchés d'exportation sont détenus à 82 % par les 20 % des pays les plus riches contre 1 % pour les 20 % des pays les plus pauvres ; les investissements directs étrangers à 68 %, les dépenses de recherche à 95 % et les lignes téléphoniques à 74 % par les 20 % des pays les plus riches, contre 1 % pour chacune de ces catégories par les 20 % des pays les plus pauvres.

Et ces différences s'accentuent... : l'écart entre les 20 % des pays les plus riches et les 20 % des pays les plus pauvres était de 3 contre 1 en 1820, de 11 contre 1 en 1913, de 30 contre 1 en 1960 et de 74 contre 1 en 1997...

© Eyrolles Pratique

On distinguera deux types de facteurs d'inégalité :

▶ **Les facteurs locaux**, propres à la situation de dénuement dans lesquels se trouvent les petits producteurs et les marchés locaux des pays du Sud, mal organisés ou verrouillés, à l'intérieur desquels ils évoluent ;

▶ **Les facteurs internationaux**, liés à l'organisation mondiale du commerce et aux conditions défavorables des échanges entre les pays du Sud (en développement) et ceux du Nord (développés).

Ces marchés sont libres, et, au niveau politique, le débat oppose ceux, alter-mondialistes, qui prônent une régulation, voire un changement radical de l'organisation mondiale du commerce, et ceux, néo-libéraux, qui expliquent que c'est justement en continuant à libéraliser le commerce mondial (abaissement des barrières douanières, dérégulation...) que l'on réglera le problème de la pauvreté et du développement...

D'un extrême à l'autre...
Les théories économiques face à la problématique du commerce mondial

Les néo-libéraux

Pour les néo-libéraux, les pays en développement sont simplement en retard par rapport à notre niveau de développement et ils connaîtront bientôt un phénomène de rattrapage. Il faut continuer à libéraliser et déréguler le commerce mondial pour accélérer le développement des échanges mondiaux, faire jouer la libre concurrence, car rien ni personne ne peut mieux favoriser le développement économique que ne le fait le marché.

Les marxistes et les tiers-mondistes

À l'autre extrême, les marxistes et les tiers-mondistes répondent que les pays du Sud sont en situation de blocage, voire de recul, précisément en raison de l'organisation actuelle du commerce mondial : c'est l'échange inégal, l'exploitation des pays du Sud par les pays du Nord. Pour eux, il faut radicalement changer le mode d'organisation actuel du commerce mondial.

© Eyrolles Pratique

Des facteurs locaux défavorables

Des marchés peu structurés ou verrouillés et une demande faible

À savoir !

Au niveau local, la situation de pauvreté des petits producteurs est souvent liée à leur état d'isolement, à leur incapacité à se regrouper, à proposer un volume suffisant de production pour pouvoir négocier face à un acheteur, par exemple. Dans bien des cas, les marchés des produits agricoles dans les pays du Sud sont dominés par des organisations d'acheteurs très puissants et qui dictent leurs prix à un grand nombre de petits producteurs dispersés et désorganisés.

Dans la plupart des pays du Sud, la taille moyenne des exploitations agricoles est de un hectare. La grande majorité des agriculteurs sont de petits exploitants isolés vendant sur les marchés locaux ou a des intermédiaires, grossistes et exportateurs qui ont le dessus pour la fixation des prix. L'import export de produits agricoles et manufacturés n'est accessible qu'à des structures productives importantes et le petit producteur, s'il n'est pas intégré dans un groupement, n'a aucune chance d'avoir un accès direct à ces marchés. Au niveau local, il est tributaire d'intermédiaires qui dominent le marché et fixent les prix sans vouloir respecter un prix minimum qui garantisse un niveau de revenu décent pour lui et sa famille.

Les prix des denrées agricoles stagnent et leur niveau est ridiculement bas. Le pouvoir d'achat du producteur diminue d'année en année, le prix de la vie augmentant. Les exploitants agricoles s'appauvrissent, jusqu'au jour où, acculés, isolés et sans espoir d'amélioration de leur situation, sans perspective d'avenir pour leurs enfants, ils émigrent vers les grandes villes. On sait ce qu'ils vont alors y rencontrer : une situation au moins aussi précaire, voire pire, entassés parmi les centaines de millions de pauvres qui peuplent les bidonvilles des grandes métropoles des pays du Sud.

© Eyrolles Pratique

EXEMPLE

Une demande faible, des prix bas

Monsieur Punchabanda nous accueille sur sa petite plantation de thé de 0,7 hectares, située en haut d'une colline dans la région centrale du Sri Lanka, où lui et sa femme sont justement en train de récolter des feuilles. Alentours, on observe des champs en friche : d'anciennes plantations de thé abandonnées car les prix du marché étaient trop faibles pour que les petits producteurs gagnent leur vie. Ils ont abandonné leur activité d'exploitant pour aller vendre leur force de travail en tant qu'ouvrier sur de plus grandes plantations ou à la ville. Il existe des surcapacités de production sur ce marché, comme pour beaucoup d'autres matières premières, et seules les grandes exploitations arrivent à s'en sortir dans de telles conditions.

Situation géographique de l'exploitation de monsieur Punchabanda dans la région centrale du Sri Lanka

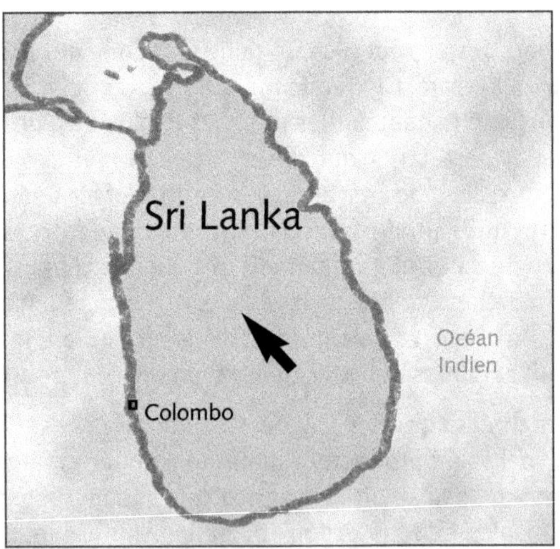

Il aimerait quand même pouvoir étendre sa surface cultivée d'un hectare ou deux afin d'augmenter ses revenus, diversifier ses cultures, vendre des épices, acheter une vache pour produire du lait et de l'engrais naturel, développer une pépinière pour densifier son champ de thé et ainsi intensifier sa production. Mais il n'a aucune capacité financière pour emprunter : les taux pratiqués étant prohibitifs, il

© Eyrolles Pratique

devrait s'endetter sur cinq à dix ans, hypothéquer son exploitation. Vu l'instabilité des prix et les incertitudes sur les rendements, le pari est trop risqué. L'autre possibilité serait qu'il s'associe à d'autres petits producteurs de la région. En augmentant leurs capacités de production, ils pourraient aller eux-mêmes vendre leur production dans les bourses du thé et en tirer un meilleur prix ; ils éviteraient ainsi un ou plusieurs niveaux d'intermédiaires sur le marché local.

Les grossistes et exportateurs locaux évoluent dans un cadre déréglementé et peu surveillé par les gouvernements, quand la corruption généralisée n'aggrave pas la situation (conditions de quasi-monopole, fortes barrières à l'entrée...). Ainsi, alors que les baisses de prix au niveau international tendent à se répercuter directement au niveau local, en cas de hausse du prix international, rien n'assure le petit producteur que l'acheteur local augmentera ses prix.

Un marché verrouillé

Kuhn Sankit est un producteur de riz du village de Phakao, sur le plateau Esan, au nord-est de la Thaïlande, près de la frontière avec le Laos ; sa famille a toujours produit du riz, élément essentiel de consommation dans la région. Il a un hectare de surface cultivée et produit en moyenne quatre tonnes de riz, en garde 500 kg pour sa consommation familiale (ils sont six) et tentera de vendre le reste aux acheteurs locaux.

Situation géographique de l'exploitation
de Kuhn Sankit au nord-est de la Thaïlande

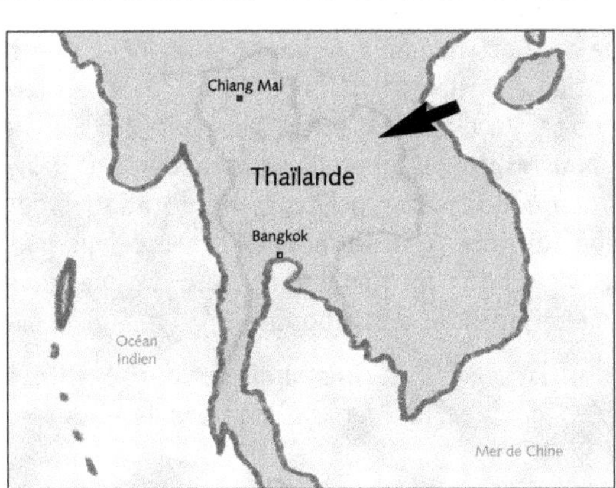

© Eyrolles Pratique

La Thaïlande est le premier producteur de riz au monde ; pourtant, elle ne compte pratiquement pas de grosses exploitations. Ce sont en très grande majorité de petits exploitants qui fournissent les grands exportateurs, via un réseau d'acheteurs locaux. Ceux-ci achètent un kilo de riz non décortiqué (paddy) de 4 à 5 bahts thaïlandais (0,10 euro) en moyenne, alors que son prix de revient, si l'on y incluait le coût du travail du producteur et un minimum de bénéfices, serait de 6 à 7 bahts (0,15 euro). La plupart de ces acheteurs sont issus de la diaspora chinoise et ont constitué un système qui s'apparente au système mafieux, tellement il est verrouillé, afin de leur assurer le prix d'achat le plus bas possible pour un prix de revente bien supérieur.

Kuhn Sankit n'a pas le choix. S'il veut vendre son riz, ce sera à l'acheteur local et au prix de celui-ci. Avec ses 3,5 tonnes, il n'intéressera jamais un exportateur ou un acheteur étranger. Sa vente ne lui rapportera que 350 euros de chiffre d'affaires, avec une marge nulle (quand il ne vend pas à perte), lui permettant tout au plus d'acheter quelques outils de travail et de faire face aux besoins urgents du ménage. Le jour où il n'aura vraiment plus assez pour vivre, il empruntera à ces mêmes acheteurs à des taux d'intérêt exorbitants (10 à 20 % de taux d'intérêt mensuel) ou il abandonnera ses terres.

Des institutions locales désorganisées et souvent corrompues

Le manque de moyens des autorités locales, leur désorganisation, voire leur état de corruption, souvent avancé et généralisé, encourage un *statu quo*. Sans même parler de démocratie ou de transparence, quand un minimum de sécurité ne peut être assuré pour les biens et les personnes et que le pouvoir en place tend à provoquer des déséquilibres et des blocages à l'intérieur même du pays, toute initiative pour le développement devient difficile. Ces initiatives étant de plus perçues comme un contre-pouvoir et donc une menace, les autorités locales vont tenter de les récupérer à leur profit ou de s'y opposer.

Dans cette situation de forte instabilité et d'insécurité, les plus touchés sont les plus pauvres, et particulièrement les petits producteurs qui

© Eyrolles Pratique

dépendent le plus du marché intérieur et sont les moins armés pour faire face à une chute brutale des approvisionnements ou de la demande. Le pays s'enfonce dans la misère, et la détresse appelle à la révolte. Une minorité continue à régner sur le pays en protégeant avant tout ses acquis, profitant du désordre pour mettre en place un système de corruption généralisé...

Des enjeux internationaux à l'origine de mauvaises conditions commerciales

On observe sur les marchés mondiaux des matières premières des variations de cours très importantes et, globalement, des prix extrêmement bas pour la plupart des matières premières agricoles alors que les exportations de la grande majorité des pays du Sud sont composées à 80 % de matières premières agricoles (sauf pour certains pays, producteurs de pétrole par exemple).

Les termes de l'échange sont de plus en plus défavorables aux pays du Sud : ceux-ci vendent majoritairement des matières premières non transformées, dont les prix fluctuent le plus souvent a la baisse, mais ils doivent importer des produits manufacturés, dont les prix, eux, augmentent. Ils perdent donc régulièrement de leur pouvoir d'achat.

Sans être capables de s'équiper, il leur est plus difficile de se développer économiquement. Ils sombrent dans l'endettement, sans rien pouvoir changer à la situation. Ceci est particulièrement vrai pour les pays mono-exportateurs de matières premières agricoles et importateurs de pétrole, dont le prix a augmenté de plus de 58 % en 2000.

Que pèse un petit producteur de coton du Burkina Faso qui n'a que sa *daba* (bêche d'Afrique de l'Ouest) face à l'« artillerie lourde » des grandes exploitations de coton nord-américaines. Est-il compétitif ? Est-il suffisamment productif ?

© Eyrolles Pratique

Le commerce équitable

Des cours mondiaux très bas et très fluctuants face aux pays du Sud désarmés

Café, riz, cacao, thé, banane, coton, la plupart des matières premières agricoles sont touchées. Les barrières protectionnistes à l'importation et les subventions accordées aux producteurs des pays riches, en particulier les subventions à l'exportation, ne font qu'aggraver la situation pour les producteurs des pays pauvres et accentuer l'écart entre pays riches et pauvres.

Dans les premiers mois de 2001, le prix du café (type arabica C) sur le marché de New York est tombé en dessous des 60 cents par livre, son cours le plus bas depuis plus de 30 ans, équivalent à moins de 25 % de son prix d'achat dans les années soixante-dix… En deux ans, il avait perdu 45 % de sa valeur de début 1998 à fin 1999, et à nouveau 13 % en 2000 (selon le « Rapport sur le commerce et le développement 2001 » de la CNUCED, Conférence des Nations unies pour le commerce et le développement).

Si, dans nos économies, il est éventuellement possible de faire face à ce problème ou de limiter son impact en préservant nos marchés agricoles à grand renfort de subventions (le cas du coton peut en être un bon exemple, avec un prix moyen au kilo de un dollar sur les marchés internationaux, et des subventions aux États-Unis de plus de un dollar le kilo !), l'ensemble des pays du Sud est touché et subit cette situation.

Pourcentage de variation du prix des matières premières agricoles par rapport à l'année précédente
(source CNUCED, *Monthly Commodity Price Bulletin*, 2001)

- Pour le cacao   ▸ 1999 : -32,1 %   ▸ 2000 : -22,2 %
- Pour le sucre   ▸ 1998 : -28,5 %   ▸ 1999 : -30 %
- Pour le riz   ▸ 1999 : -18,6 %   ▸ 2000 : -18,1 %
- Pour le coton   ▸ 1998 : -8,3 %   ▸ 1999 : -22,9 %
- Pour le caoutchouc   ▸ 1998 : -29,8 %   ▸ 1999 : -12,6 %

© Eyrolles Pratique

EXEMPLE

Une histoire de petit producteur aux prises avec les « coyotes »

Roberto est producteur de café à Irupana au nord-est de la Bolivie, dans la région montagneuse de Las Yungas, entre les hauts plateaux andins à l'ouest et le bassin amazonien à l'est. Dans cette région isolée, au relief géographique particulière-ment accidenté et difficile d'accès durant la saison des pluies, le café pousse à merveille dans des conditions d'ensoleillement et de pluviométrie idéales. Les modes de culture et de préparation du café n'ont pas changé depuis deux généra-tions mais Roberto et les siens ont sans cesse travaillé à l'amélioration de la qualité et des rendements de leurs quatre hectares de production. Pourtant, le cours ne cesse de fluctuer.

Situation géographique de l'exploitation
de Roberto à Irupana en Bolivie

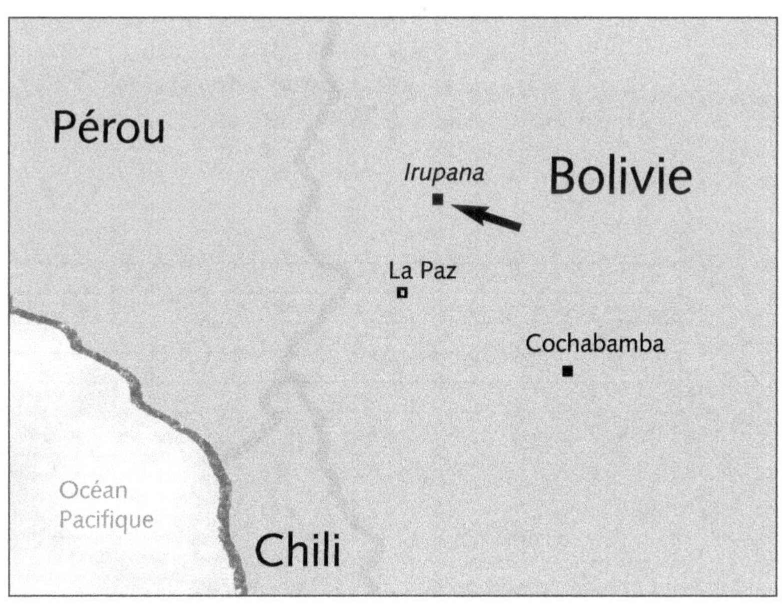

© Eyrolles Pratique

Le commerce équitable

Les « coyotes », c'est ainsi que l'on appelle les acheteurs de café en Amérique centrale et du Sud, sont venus le mois dernier et ont annoncé que les récoltes particulièrement abondantes cette année devraient faire chuter à nouveau le prix d'achat du café de 30 %. Un voisin de Roberto avait entendu à la radio que les prix de l'arabica avaient chuté de 20 % en l'espace de trois mois, en raison des récoltes elles aussi particulièrement abondantes au Brésil et au Vietnam (1er et 2e producteurs mondiaux de café) ; 40 % sur la Bourse de New York... avait prétendu le coyote pour justifier sa baisse de 30 %. Qui croire et à quoi bon se battre ? Roberto n'a pas le choix, il ne dispose d'aucune machine pour préparer son café et le vendre lui-même. Les routes sont mauvaises à l'époque des ventes et il lui en coûterait plus que le gain escompté pour acheminer sa maigre production jusqu'à la bourse régionale des ventes de café...

Et ce qui vaut pour le café s'applique évidemment au cacao. Pour exemple :

Évolution comparée des prix du cacao
selon les cours mondiaux et les prix pratiqués
par les organismes de commerce équitable (FLO)

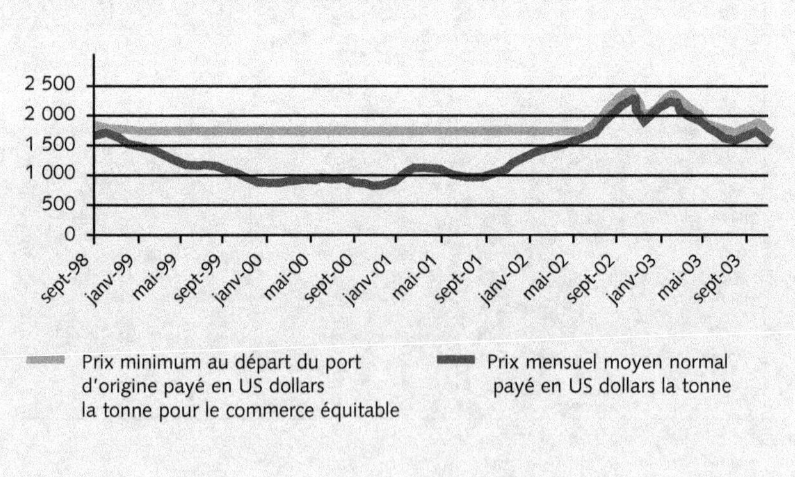

© Eyrolles Pratique

1. Un commerce mondial inéquitable ?

La pression sur les prix ne se limite pas aux matières premières agricoles mais s'applique aussi aux biens manufacturés et, par voie de conséquence, à ceux qui les fabriquent...

Une pression exercée sur les travailleurs du Sud

La recherche d'un prix de revient sans cesse moins élevé implique de fortes pressions sur les salaires, ainsi que sur les conditions de travail des ouvriers.

La forte compétitivité qui existe sur les marchés internationaux, comme celui du textile par exemple, amène les acheteurs à constamment mettre la pression sur les prix. Ceci se répercute sur les salaires des ouvriers, en particulier les moins qualifiés.

Enfin, les fortes variations des taux de change d'une année sur l'autre ont aussi des impacts sur la délocalisation des sites de production. La fluctuation libre des taux de change n'a pas amené la stabilité escomptée, bien au contraire. Les attaques répétées contre des monnaies de pays du Sud, qui sont mises en doute par les marchés financiers, ont des conséquences dramatiques sur les économies déjà fragiles de ces pays.

Les conditions de travail d'un ouvrier malgache...

Luc est un jeune ouvrier malgache employé dans une usine textile située dans la zone franche de Tananarive. Il est payé 30 euros par mois (1,20 euro par jour ouvré), si toutefois son employeur respecte le salaire minimum national de 28 euros par mois. Chaque jour, il réalise en moyenne 500 coutures en 12 heures de travail. Si l'on compte qu'un tee-shirt représente environ dix coutures, il aura réalisé l'équivalent de 50 tee-shirts en une seule journée, soit un salaire de 2,5 centimes d'euro par tee-shirt. En France, le coût serait de 1,20 euro par tee-shirt, soit un coût 50 fois supérieur...

L'année prochaine, un nouveau pays dévaluera, baissera le salaire minimum horaire ou assouplira les règles du droit du travail au profit des producteurs de textile. Luc, malgré son acharnement au travail dans des conditions difficiles et pour un salaire qui lui permettait à peine de survivre, se retrouvera sans emploi, son usine ayant dégraissée du personnel et en priorité les moins qualifiés.

© Eyrolles Pratique

Le remède est-il aux mains des institutions internationales ?

En quoi les institutions internationales peuvent-elles réguler ces instabilités chroniques de l'économie mondiale ? Leur action ne va-t-elle pas au contraire, dans certains cas, dans un sens opposé ? Quels sont les facteurs de blocage du développement liés à l'organisation politique du commerce et de l'économie mondiale ?

On entre ici dans un chapitre houleux, actuellement très débattu à travers le mouvement anti-mondialisation qui a pris une dimension sans précédent depuis la réunion de Seattle en 1999. Concentrons-nous sur le mode de fonctionnement et les objectifs des institutions internationales, en commençant par faire un rapide retour historique sur les raisons de leur création et leur raison d'être.

Le GATT (General Agreement on Tariffs and Trade ou Accord général sur les tarifs douaniers et le commerce) devenu l'OMC (Organisation mondiale du commerce) depuis 1995, le FMI (Fond monétaire international) et la Banque mondiale ont tous trois été créés au sortir de la Deuxième Guerre mondiale pour permettre un rétablissement et un développement harmonieux et équitable de l'économie mondiale.

En particulier, il s'agissait :

▶ **Pour le GATT**, de faciliter un développement harmonieux des échanges internationaux de marchandises en évitant les replis protectionnistes de l'entre-deux guerres (années 1930) ;

▶ **Pour le FMI**, de fixer et stabiliser les parités entre les monnaies ;

▶ **Pour la Banque mondiale**, de financer la reconstruction et le développement des économies nationales.

© Eyrolles Pratique

1. Un commerce mondial inéquitable ?

Certes, la mise en place de ces institutions s'est faite dans un contexte d'hégémonie américaine, mais c'est bel et bien le développement harmonieux de l'ensemble des économies du monde qui était visé dans les textes fondateurs de ces institutions.

L'OMC, un grave déficit de représentation des intérêts des pays pauvres

Arrêtons-nous en premier lieu sur l'OMC, puisque cette institution est au centre du débat sur le rapport entre la croissance des échanges et le développement.

Une évolution contraire aux principes du texte fondateur

À l'origine, pour le GATT, qui s'est institutionnalisé avec la création de l'OMC, l'objectif est double : « Assurer le respect des principes permettant une concurrence loyale entre les nations et mettre en œuvre un processus de libéralisation continu des échanges internationaux. »

L'accord du GATT : fonctionnement et objectifs

Dans l'accord on distingue les obligations d'un côté et les codes de conduite de l'autre :

Les obligations, contenues dans les articles I et II de l'accord, établissent les principes fondamentaux du GATT. Ils se résument ainsi : si un pays A consent à un pays B des tarifs ou conditions douaniers plus avantageux qu'à un pays C, si C est signataire de l'accord du GATT, alors la concession tarifaire ou douanière appliquée à B, sera automatiquement appliquée à C. Le meilleur accord tarifaire entre deux pays s'applique donc automatiquement à l'ensemble des pays signataires du GATT.

Le principe est de permettre, à partir de négociations bilatérales par exemple, d'élargir les baisses de tarifs accordées à l'ensemble des pays signataires, et d'ainsi éviter que deux pays ne libéralisent leurs échanges tout en se protégeant des autres pays. L'objectif est d'ac-

© Eyrolles Pratique

Le commerce équitable

célérer l'ouverture des frontières pour accroître les échanges commerciaux internationaux, générateurs de croissance (la question reste de savoir pour qui...).

En ce qui concerne les codes de conduite, on notera en particulier :

- L'engagement des pays signataires à ne pas prendre de mesures qui entraveraient le commerce international par d'autres moyens que les droits de douane ou les seuils quantitatifs (limitation des quantités annuelles importables dans un pays donné pour un produit donné), et ainsi mettre en place les conditions d'un commerce loyal. Le terme *Fair Trade* est d'ailleurs utilisé dans les textes écrit en anglais et nous notons au passage que c'est ce même terme qui désigne aujourd'hui le commerce équitable en langue anglaise...

- L'engagement de ne pas établir de discrimination entre les producteurs nationaux et les exportateurs vendant sur le marché national (article 3).

- L'engagement de ne pas pratiquer le *dumping*, c'est-à-dire de ne pas vendre (en particulier à perte) un produit à l'export moins cher que son prix sur le marché local (article 6).

- L'engagement de prohiber les mesures de restriction quantitative (limitation des quantités annuelles importables dans un pays donné pour un produit donné) (article 11), avec certaines exceptions.

- L'engagement de réglementer les subventions. En particulier, l'objectif est de limiter, voire de supprimer les subventions à l'exportation des pays du Nord. Celles-ci représentent des moyens de concurrencer de manière déloyale les exportations des pays du Sud, qui, eux, n'ont pas les moyens de subventionner leurs exportations (article 16). Certaines exceptions peuvent être accordées pour des produits de base.

Comment justifier alors, par exemple, les quotas imposés à l'importation de produits textiles en France, (limitation des quantités annuelles importables dans un pays donné pour un produit donné) ? Comment justifier dans ce cas les subventions pour le coton aux États-Unis, égales à son prix de vente sur le marché mondial ? Ces aménagements sont contraires aux règles de l'OMC.

© Eyrolles Pratique

1. Un commerce mondial inéquitable ?

Si, dans l'absolu, les règles de l'OMC avaient pour impact une libéralisation « pure et parfaite » du commerce mondial, les aménagements progressifs ont eu pour conséquence d'établir des déséquilibres importants, et ceci particulièrement entre les pays du Sud et les pays riches.

En fait, on estime que les marchés agricoles ne suivent plus réellement les règles du GATT depuis 1955. Le commerce international stimule effectivement la croissance, comme ce fut le cas de 1946 à 1973, mais il accentue l'écart entre riches et pauvres (multiplié par deux durant la même période). Le protectionnisme est toujours utilisé par les pays riches et le libre-échange profite toujours aux pays forts. Le plus fort dicte ses lois et on aboutit inévitablement à la dégradation des termes de l'échange. De plus, les débats sur l'agriculture à l'OMC sont principalement centrés sur les différents entre les États-Unis et la Communauté européenne, comme la question des subventions du blé et des oléagineux ou du bœuf aux hormones, par exemple. C'est dire si la question de l'ouverture des marchés aux pays du Sud demeure largement occultée !

Une nécessaire régulation

La CNUCED, qui est placée sous l'égide des Nations unies et qui prône des échanges plus équitables entre les pays du Sud et les pays du Nord dans le cadre d'un « nouvel ordre mondial », n'a que des pouvoirs réduits à l'émission de propositions face à l'OMC dont elle est complètement indépendante ; ainsi ses suggestions sont-elles rarement prises en compte.

Les seuls aménagements qui ont eu lieu en faveur des pays du Sud, sur proposition de la CNUCED, concernent des dérogations qui permettent à deux pays en développement de s'accorder mutuellement des avantages sans obligation de réciprocité vis-à-vis des pays industrialisés. On sait cependant que l'enjeu pour les pays pauvres ne se situe pas au niveau du commerce Sud-Sud, mais bel et bien dans le commerce Nord-Sud. Or, il n'est toujours pas possible pour un pays industrialisé d'avoir des préférences

© Eyrolles Pratique

tarifaires vis-à-vis d'un pays en développement sans qu'il n'y ait extension de cet avantage à l'ensemble des pays membres de l'OMC, d'où une situation de blocage dans l'ouverture des marchés du Nord aux pays du Sud.

Quant à la protection des ouvriers des pays du Sud, si l'OMC traite des échanges de biens et services, son rôle ne peut s'appliquer au monde du travail. Ceci est du ressort de l'OIT (Organisation mondiale du travail), dont l'OMC « reconnaît et respecte » officiellement l'autorité. Mais le problème est que l'OIT, à la différence de l'OMC, n'a aucun pouvoir juridique ; ses pouvoirs, en terme de sanctions par exemple, sont limités. Dans le cas de l'OMC, si un pays signataire ne remplit pas ses obligations, il pourra être sanctionné. Dans le cas de l'OIT, il n'existe aucune sanction véritable sur le pays, si ce n'est une sanction morale à travers son rapport annuel.

Les clauses sociales : une solution pour réguler ou une nouvelle forme de protectionnisme ?

Vouloir imposer des critères sociaux et environnementaux très stricts au niveau des centres de production des pays du Sud, sans transition ni accompagnement, c'est parfois les exclure du système.

À l'ordre du jour de l'OMC, des propositions sont faites pour tenter de juguler les impacts sociaux et environnementaux néfastes de la libéralisation des échanges. Les clauses sociales en sont un exemple. Elles conditionneraient l'autorisation d'importer un produit au respect de critères sociaux et environnementaux minimums dans leurs pays de production. Pour les pays du Sud dont les conditions sociales et environnementales de production sont inférieures à celles des pays du Nord, ces clauses sont perçues comme de nouvelles mesures protectionnistes leur barrant l'accès aux marchés du Nord.

Vouloir favoriser « un développement durable » dans les pays du Sud sans s'engager dans l'accompagnement des centres de production, sans financer les besoins au niveau local pour faire progresser les conditions sociales, environnementales de production, c'est mettre en place une barrière sans donner les moyens aux pays du Sud de la franchir.

© Eyrolles Pratique

Aux pays riches de changer les règles

Même si, après les manifestations de Seattle, 750 organisations non gouvernementales ont été invitées en tant qu'observateurs, dans un souci d'améliorer la transparence dans le fonctionnement de cette institution, les débats restent centrés sur les problématiques des pays du Nord sans que les intérêts des pays du Sud soient même correctement représentés.

On accuse l'OMC mais ce sont avant tout les entorses faites à ses règles par les pays du Nord qu'il faut dénoncer. Il revient aux gouvernements des pays riches de montrer qu'ils ont une réelle volonté de changer les règles actuelles, qu'ils désirent renforcer le pouvoir (et les financer de manière plus massive) des institutions internationales en mesure de réguler cette libéralisation, comme le BIT (Bureau international du travail), le PNUE (Programme des Nations unies pour l'environnement) ou la CNUCED.

Il faudrait par exemple renforcer les mesures de « protectionnisme éducatif » (protection du marché sur une période limitée pour permettre la croissance d'une économie) envers les pays du Sud. Mieux les protéger des effets négatifs de la libéralisation pour leur permettre de développer leur marché intérieur et de décoller économiquement. Mais la question de la stabilisation des prix des matières premières sur les marchés mondiaux et de l'accompagnement de leur développement demeure.

Banque mondiale et FMI, des politiques d'aide qui fragilisent les populations les plus pauvres ?

La Banque mondiale et le FMI ont eux pour objet de réguler les marchés financiers mondiaux afin de favoriser une croissance stable et harmonieuse.

Ainsi ces organismes sont-ils parfois sollicités pour allouer des prêts à des pays du Sud quand ceux-ci ont des difficultés financières : déficit grave de la balance des paiements, surendettement des États, perte de confiance dans la monnaie, attaque des marchés financiers sur leur monnaie, chute du cours, crise financière... Ces institutions conditionnent généralement

© Eyrolles Pratique

leurs prêts à l'adoption par les pays bénéficiaires de politiques dites « d'ajustement structurel ».

> ## Les principes fondamentaux d'un plan d'ajustement structurel
>
> - Orthodoxie financière, soit une augmentation des taux d'intérêts afin de limiter la masse monétaire du pays ;
> - Limitation des déficits budgétaires, en général par la limitation des dépenses publiques ;
> - Baisse des tarifs douaniers à l'importation de produits et services ;
> - Assouplissement du droit local vis-à-vis des investissements étrangers, soit ouverture facilitée pour les investisseurs étrangers, mise en place de zones franches... ;
> - Assouplissement du droit du travail local.

On comprend l'objectif de ces mesures destinées à limiter l'inflation dans le pays aidé, et ainsi restaurer la confiance des marchés internationaux de capitaux sur la santé financière du pays et mieux assurer le remboursement du prêt accordé.

À savoir !

Les plans d'ajustement structurel ont un impact déflationniste (baisse de la demande, désinvestissement, atonie de l'activité économique), particulièrement dommageable aux populations les plus pauvres.

En effet, ces politiques vont dans l'intérêt de ceux qui possèdent du capital et ont dans ce cas moins intérêt à investir dans des activités économiques que de placer leur argent. Ce désinvestissement entraîne une baisse de l'activité économique, et la nécessité de rigueur budgétaire entraîne la suppression des aides aux plus pauvres. Non seulement l'activité stagne ou recule mais la suppression des aides a un effet cumulatif qui plonge les plus pauvres dans une situation encore plus critique.

© Eyrolles Pratique

***Ajustement structurel, environnement et développement durable*, un livre de David Reed aux éditions de L'Harmattan**

L'auteur, directeur du programme Macroéconomie pour le développement durable du WWF International, analysait ainsi en 1999 les effets des ajustements structurels sur le développement durable des pays du Sud :

« La phase de stabilisation du processus d'ajustement produit un impact net négatif sur le potentiel de création d'emplois dans les secteurs les plus pauvres et les plus vulnérables des sociétés étudiées. Les récessions et les dislocations économiques associées à la mise en œuvre des programmes d'ajustement structurel ont grossi les rangs des chômeurs et des chômeurs partiels, dégradé les conditions de travail et globalement favorisé l'extension du secteur informel dans la majorité des pays étudiés. Les coûts immédiats de la stabilisation, la disparition des services de santé et d'éducation sont susceptibles à long terme d'affaiblir les capacités des pays d'améliorer la productivité et les perspectives d'emploi, notamment parmi les petits et moyens producteurs. »

Là encore, il ne s'agit pas de remettre en cause le bien-fondé et l'utilité de la Banque mondiale et du FMI dans leur rôle d'aide aux pays en crise monétaire. L'apport du FMI a été vital lors de la crise asiatique de 1998 pour la Corée du Sud ou, plus récemment, pour maintenir le réal au Brésil et, dans une moindre mesure, en Argentine en 2002. Les prêts du FMI permettent d'éviter la faillite d'un État, mais les ajustements structurels demandés en échange ne vont pas dans le sens des intérêts des plus démunis qui y vivent.

La solution ?

À ce titre, certains préconisent le rapprochement du FMI, de la Banque mondiale et de l'OMC dans la mise en œuvre de politiques de relance concertées pour les pays du Sud, accompagnées de la mise en place de

© Eyrolles Pratique

programmes de développement. Les prêts du FMI s'accompagneraient certes d'un plan d'ajustement structurel mais des aménagements seraient accordés pour concéder à ces pays des avantages commerciaux protégeant leur marché intérieur (des matières premières et du travail) pendant la phase de redémarrage. Des financements complémentaires favoriseraient des projets d'accompagnement et de développement en direction des plus pauvres dans le pays.

Un extrait du rapport national sur le développement humain à Madagascar du Programme des Nations unies datant de 1999 illustre ce propos : il est sans concession sur l'impact du programme d'ajustement structurel.

Un exemple des retombées néfastes du programme d'ajustement structurel

« Madagascar est sous programme d'ajustement structurel depuis 1996. Le pays est donc soumis à diverses conditionnalités des institutions financières de Bretton Woods dans le but de libéraliser l'économie et de l'ouvrir à l'extérieur. L'OMC permet en théorie à tous les pays de profiter de la libre circulation et du libre-échange.

En fait, les petits pays comme Madagascar sont impuissants face à l'hégémonie des multinationales et des grandes puissances. Ce pays a beau être le premier producteur de vanille au monde, les rapports de force font que le pays ne maîtrise pas le cours de ce produit.

L'autre méfait de la libéralisation sauvage est la mise en péril de l'existence des industries locales et donc de la sécurité des emplois face à la concurrence des produits importés, favorisée parfois par une administration réputée laxiste. La priorité est la restructuration du système de production pour être compétitif et la nécessité de conquérir les marchés extérieurs.

La faible croissance et la politique de laisser-faire du gouvernement risquent de favoriser une ou plusieurs des cinq formes néfastes de la croissance, à savoir la croissance sans création d'emploi, la croissance sans égards, la croissance sans droit, la croissance sans racine culturelle et la croissance sans avenir.

© Eyrolles Pratique

1. Un commerce mondial inéquitable ?

Certes, la lutte contre la pauvreté et la promotion du développement humain s'inscrivent dans le moyen et le long terme, mais ce que l'opinion attend dans le court terme c'est la mise en œuvre d'une politique plus volontariste de redistribution du revenu et de répartition plus équitable de la richesse nationale. »

La réforme des institutions internationales doit avoir lieu, mais, sans volonté politique au niveau des pays développés, rien ne se passera. Lorsqu'il faut choisir entre défendre les économies fragiles des pays du Sud ou les intérêts des fonds d'investissement et des puissants *lobbies* industriels et commerciaux de son propre pays, on sait que les politiques vont toujours dans le sens de ces derniers...

En conclusion

Les petits producteurs des pays du Sud subissent les effets conjugués de la faiblesse du marché local et de l'incapacité des politiques locales à répondre aux enjeux du développement. De plus, la forte volatilité des marchés internationaux et le manque de régulation et de protection des intérêts des pays du Sud et des petits producteurs sur ces marchés par les institutions internationales aggravent leur situation de précarité. On vit dans une économie mondiale à deux vitesses.

On a, d'un côté, des États et des firmes multinationales puissantes dont les intérêts sont bien représentés et défendus, qui bénéficient pleinement de l'ouverture des marchés et de l'orthodoxie financière imposée par les organismes internationaux. De l'autre, des pays fragiles et aux structures productrices morcelées qui ne sont pas en mesure de supporter ces mesures libérales radicales et se retrouvent ainsi exclus du système des échanges mondiaux. C'est une évidence, diront certains, mais il n'est jamais superflu de le rappeler car l'on a rarement l'impression que les réformes et avancées au niveau mondial vont dans le sens d'un rapprochement et d'un développement solidaire Nord-Sud, plus équitable et harmonieux pour tous.

© Eyrolles Pratique

Chapitre 2

Du développement durable au commerce équitable

© Eyrolles Pratique

Le mouvement du développement durable : une volonté de rendre le commerce mondial « soutenable » pour l'homme et son environnement

Les origines du développement durable

En 1987, le rapport Bruntland (du nom de son auteur, Gro Harlem Bruntland) donnait naissance a un nouveau concept, une nouvelle manière d'appréhender les enjeux du développement humain : le développement durable (ou développement soutenable, *Sustainability* en anglais).

À savoir !

Le développement durable consiste à favoriser un modèle de croissance aujourd'hui qui n'hypothèque pas la capacité des générations futures à répondre aux enjeux de demain.

Si nous nous développons aujourd'hui en surexploitant les ressources naturelles et en appauvrissant de manière exponentielle les plus pauvres, comment feront les générations futures pour se développer de manière harmonieuse ?

Cette notion a été largement mise en avant lors du sommet de la Terre de Rio en 1992 et relayée, dix ans plus tard, au sommet mondial de Johannesbourg. La notion de développement durable entend réconcilier une croissance performante avec le respect de l'Homme et de son environnement. Lors de ces conférences internationales, un grand nombre d'États s'est engagé à promouvoir la notion de développement durable.

Ainsi la France a-t-elle signé l'Agenda 21, un ensemble de mesures et d'initiatives destinées à favoriser un développement durable au niveau national, qui se décline ensuite en différents objectifs au niveau des régions, départements et municipalités et même des entreprises :

▶ **Au niveau des mairies.** L'Association des éco-maires de France, créée en 1980, rassemble plus de 500 maires (d'appartenance politiques différentes) ; elle a, entre autres, pour objectif de favoriser des pratiques plus respectueuses de l'environnement au sein des mairies (dans le choix des produits achetés, dans la politique de la ville...)

▶ **Au niveau des entreprises.** Les entreprises qui s'engagent mettent en place des chartes d'engagement volontaire vis-à-vis des principaux critères du développement durable et communiquent de manière plus transparente sur les impacts de leur activité (voir les chartes de développement durable des grands groupes sur leurs sites internet : http://www.shell.com, http://www.monoprix.fr, http://www.carrefour.com, par exemple).

Les retombées au niveau des pratiques commerciales

Au niveau des pratiques commerciales, différents types d'initiatives de développement durable sont prises.

Les deux démarches, éthique et équitable, ne sont pas opposées mais complémentaires. Dans le cadre du commerce équitable, on aide des petits producteurs isolés à démarrer leur activité, à avoir accès au marché international. Dans le cas du commerce éthique, on met en conformité les grands centres de production déjà développés en fonction de critères sociaux et environnementaux.

Commerce éthique et commerce équitable

Les industriels et les grands groupes de la distribution désirent mettre en conformité les centres de production de leurs fournisseurs en fonction de critères sociaux (selon des référentiels comme la norme SA 8000) afin de participer à l'amélioration des conditions de travail en leur sein et de se prémunir contre tout scandale éthique et environnemental. Ces grandes entreprises reconnaissent et assument leur responsabilité qui va au-delà du simple fait de garantir de bons produits à un bon prix. Elles entendent limiter les « dommages collatéraux » de leur activité économique qui peuvent être portés à l'environnement social et écologique des sites de

© Eyrolles Pratique

production. Elles mettent ainsi en place de larges programmes d'audit social et environnemental afin de garantir de bonnes conditions sociales de travail et limiter l'impact de l'activité de leurs fournisseurs sur l'environnement. C'est ce que l'on appelle le commerce éthique. Une fois les filières sécurisées par rapport à ces critères, elles vont valoriser leur démarche et sensibiliser les autres entreprises à faire de même.

À la différence du commerce équitable, l'audit de commerce éthique ne prend pas pour critère l'état de pauvreté des bénéficiaires du centre de production (« sont-ils les plus défavorisés ? »), ni la dynamique de développement durable apportée par la relation commerciale client/fournisseur (« le contrat participe-t-il au développement durable du centre de production ? »). Avec le commerce éthique, il s'agit principalement de sécuriser et d'améliorer la valeur ajoutée environnementale et sociale de la filière. Le commerce équitable s'adresse prioritairement aux petits producteurs les plus défavorisés, le commerce éthique, exclusivement aux grands centres de production ayant déjà une certaine capacité de production.

La complémentarité des démarches du commerce éthique et du commerce équitable

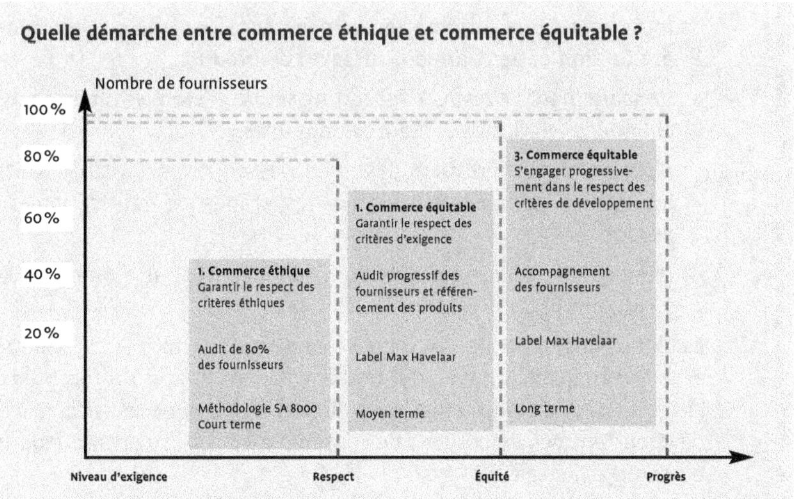

L'audit de commerce éthique s'applique rapidement à un grand nombre de fournisseurs. Le référencement de produits de commerce équitable s'applique à un nombre plus restreint de fournisseurs mais permet une forte dévaloriosation de la démarche

Étude mondiale sur le commerce équitable

© Eyrolles Pratique

Le commerce équitable

La complémentarité des deux approches

La mondialisation du commerce et la lourdeur des relations entre États créent un nouveau contexte économique et commercial entre les pays du Nord et les pays du Sud. Elle implique une nouvelle organisation du commerce qui conduit les entreprises et les consommateurs à prendre de nouvelles responsabilités. En effet, face à la nécessité de repenser les modalités de fonctionnement des relations commerciales Nord-Sud, comme en attestait encore l'échec des négociations de l'Organisation mondiale du commerce à Cancun en septembre 2003, de nouveaux modes de consommation et donc de commerce sont nés. La prise de conscience croissante des consommateurs qui souhaitent agir dans leurs actes quotidiens en faveur d'un commerce international respectueux des droits humains et de l'environnement accentue ces nouveaux modes de consommation.

L'entreprise dispose aujourd'hui de différents outils tels que des standards de certification, des labels sur les produits qui démontrent au consommateur qu'elle agit en entreprise responsable, c'est-à-dire en respectant ses partenaires. Ceci se traduit notamment par :

- L'engagement Le respect du consommateur en lui fournissant un produit de qualité, en préservant sa santé, sa sécurité et en lui fournissant une information transparente sur les conditions de production et de commercialisation du produit ;

- L'engagement Le respect des fournisseurs en établissant en particulier des relations de qualité et durables ;

- L'engagement Le respect des employés en respectant les droits humains fondamentaux à tous les stades de fabrication du produit ;

- L'engagement Le respect de l'environnement tout au long de la vie du produit.

Deux notions apparaissent dans ce contexte : le commerce éthique et le commerce équitable, qui traduisent deux modes de commerce entre les pays du Nord et les pays du Sud. Quels sont les critères qui différencient ces deux types de commerce ? Sont-ils contradictoires ou complémentaires ?

© Eyrolles Pratique

Le commerce éthique, d'une part, vise à assurer de bonnes conditions de travail chez les producteurs et à garantir le respect des droits fondamentaux de l'homme parmi lesquels : l'interdiction du travail des enfants, l'interdiction du travail forcé, l'hygiène et la sécurité au travail, la liberté syndicale et le droit à la négociation collective, la non-discrimination entre hommes et femmes, entre personnes de races, de religions différentes, l'interdiction des pratiques disciplinaires, le contrôle des heures de travail, la rémunération en conformité avec les exigences réglementaires locales applicables, etc.

Le commerce équitable, d'autre part, vise à développer des échanges solidaires entre les pays du Nord et du Sud et à aider les producteurs des pays émergents à se développer durablement. Il permet d'assurer une rémunération du travail définie par le producteur et au-delà de la conformité réglementaire applicable, tout en garantissant leurs droits fondamentaux et en respectant l'environnement. Le commerce équitable se fonde, finalement, à la fois sur des critères de développement économique, de respect des droits sociaux des producteurs dans les pays émergents et de protection de l'environnement.

Ainsi, malgré leurs différences, le commerce éthique et le commerce équitable s'appuient sur des critères sociaux communs : le respect des droits fondamentaux et des conditions de l'homme dans les pays émergents. Ils apparaissent donc semblables en ce sens. [...] Somme toute, le commerce équitable concerne, plus spécifiquement, les producteurs du Sud organisés en coopératives alors que le commerce éthique concerne d'avantage les salariés, à un niveau individuel, dans les entreprises ou les usines de fabrication sous-traitant ou fournisseurs des entreprises multinationales.

Le commerce éthique et le commerce équitable sont complémentaires, par les cibles qu'ils concernent dans les pays émergents, et par leurs critères d'exigences ou de progrès différents. [...] Ils incitent tous deux les entreprises à agir en entreprises responsables. Ces deux notions garantissent au consommateur que l'entreprise agit dans le sens du développement durable, en favorisant un commerce

© Eyrolles Pratique

respectueux de l'homme et de l'environnement. Ils s'appuient tous deux sur certains critères communs que sont les exigences sociales et se complètent en permettant respectivement l'amélioration des conditions des producteurs dans les pays émergents. Finalement ils s'intègrent dans une même démarche permettant de développer un commerce durable au niveau international entre les fournisseurs des pays du Sud et les consommateurs des pays du Nord. N'est-ce finalement pas le sens que nous souhaitons donner à nos actes d'achat ?

Par Stéphanie Gaymard,
Consultante au sein du département développement durable de PricewaterhouseCoopers

La politique d'achat du groupe Monoprix comprend ces deux volets distincts.

Monoprix et le développement durable : agissons pour demain, tous les jours

Depuis sa création, Monoprix a pour mission d'accompagner la vitalité économique du centre ville par le commerce, en prenant en compte le contexte social et environnemental de chaque cité. En 2000, pour inscrire cette mission d'entreprise responsable dans le long terme et lui donner un nouveau sens, dans un contexte social et sociétal en mutation, Monoprix inscrit ses actions dans une démarche de développement durable et formalise son engagement dans une charte. Notre groupe affirme ainsi sa volonté de contribuer à une meilleure qualité de vie et de bien être en ville aujourd'hui, mais également demain, mission affirmée dans la signature « Dans ville, il y a vie. »

Les cinq axes d'engagement de la Charte pour un développement durable Monoprix

- L'engagement Être leader dans l'offre de produits pour la qualité de vie ;
- L'engagement Renforcer et accroître la qualité de vie dans nos magasins ;

© Eyrolles Pratique

- L'engagement Maîtriser les impacts sur l'environnement de l'activité du groupe Monoprix ;
- L'engagement Initier des actions locales s'inscrivant dans une démarche de développement durable ;
- L'engagement Informer et rendre compte des actions de développement durable de Monoprix.

En 2001, Monoprix publie son premier Rapport d'activités pour un développement durable et inscrit le développement durable comme l'un des axes stratégiques du groupe. Cette décision se traduit notamment en 2002 par l'intensification du déploiement de notre démarche, la mise en place d'un système de management dédié et la définition d'une stratégie recentrée : la réalisation, à horizon 2005, du cahier des charges du « Citymarché idéal », un magasin de centre ville qui incarne le développement durable, tant sur le plan de sa structure que de son organisation, de son management ou encore de ses relations avec l'environnement et de son offre de produits et de services.

En agissant pour demain tous les jours, au travers d'une dynamique de progrès continu, Monoprix témoigne de son engagement sans cesse renouvelé en faveur d'un commerce plus équitable et respectueux de son environnement. Les initiatives menées depuis plus de dix ans rendent d'autant plus légitime l'ambition que nous nourrissons pour Monoprix d'être, à moyen terme, l'enseigne phare du commerce durable en centre ville. Nous sommes aussi parfaitement conscients que nous ne pourrons pas seuls être les maîtres d'œuvre de la démocratisation de ce concept et qu'il nous faut pour cela continuer de travailler ensemble, sociétés civile, économique et politique.

Par Claude Sendowski, directeur général exécutif de Monoprix

De même, un bon nombre de grandes marques et d'enseignes s'engagent dans la voie du commerce éthique : Ikea, Nike, Toys R Us, Zara... ainsi que l'ensemble des distributeurs français membres de la FCD (Fédération des entreprises du commerce et de la distribution) qui ont adopte un référentiel commun pour l'audit éthique de leurs fournisseurs.

© Eyrolles Pratique

Le commerce équitable

Commerce éthique et qualité sociale des produits

Mode privilégié de l'évaluation du risque éthique, l'audit social de conformité est un processus de recueil de preuves (des données objectives et documentées) mis en œuvre par des professionnels spécialisés (des auditeurs sociaux) en vue de vérifier la conformité du système social d'une usine de fabrication et identifier les éventuels écarts par rapport à des principes internationaux (Déclaration universelle des droits de l'homme, Déclaration des droits sociaux fondamentaux), des lois nationales (code du travail, code de la Sécurité sociale, code de l'environnement...) et de la Charte des valeurs de l'entreprise donneur d'ordre de l'audit.

Les codes de conduite, les principes de fabrication ou les chartes d'éthique formalisent les engagements (et le niveau de ces engagements) des entreprises par rapport à ce thème du commerce éthique tout en traçant les limites à ne pas franchir pour leurs contreparties commerciales.

Les audits des sites qui produisent pour le compte du groupe Casino sont conduits par un organisme extérieur spécialisé et disposant d'un réseau implanté mondialement nous permettant ainsi de pouvoir compter sur des équipes d'auditeurs sociaux locaux à la fois formés à ce nouveau métier et parlant la langue (ou le dialecte) des ouvriers et employés avec lesquels ils seront amenés à entrer en contact.

L'identification de ces sites est basée sur une analyse de risques qui prendra en compte, entre autres : la spécificité du processus de fabrication du produit concerné (une usine de vêtements ne saurait être comparée à une usine de jouets) ; la localisation du site de fabrication (la Chine n'est pas le Brésil) ; l'historique du fournisseur (s'agit-il d'une première commande ou d'une relation ancienne)...

Bien que le fournisseur se soit engagé par contrat à être conforme en permanence aux exigences de la Charte et qu'il ait accepté le principe d'une visite inopinée de l'auditeur, les audits sont, en règle générale, toujours annoncés et ceci pour deux raisons principales : parce que ces audits s'inscrivent dans une démarche d'amélioration continue et non pas de recherche de faute et que, de toutes façons, même annoncés, les audits révèlent toujours leur lot de non-confor-

© Eyrolles Pratique

mités qui devront donc, en tout premier lieu, être suivies d'une mise à niveau. Pour des raisons d'ordre pratique, le processus de mise en œuvre débutera bien avant l'arrivée sur le site de fabrication afin de garantir à la mission un maximum de chances de succès. Plus la préparation effectuée en amont sera sérieuse et plus l'audit sera efficace.

En guise de conclusion, ce que l'audit social nous révèle, c'est la nécessité de ne pas opposer de façon manichéenne les « valeurs » des pays développés aux « coutumes » des pays en développement. Le cas de ces enfants des ateliers de fabrication de ballons de football de Sialkot, au Pakistan, qui, mis à la porte au nom de principes universels, se sont retrouvés du jour au lendemain livrés à la prostitution et au trafic de drogue est encore dans toutes les mémoires.

Avec le commerce éthique, la qualité d'un produit, principalement et traditionnellement définie par des caractéristiques fonctionnelles, se dote d'une dimension nouvelle : un produit peut désormais s'appréhender par sa qualité sociale.

Par Bruno Colombani, social ethics manager
chez EMC Distribution (groupe Casino, membre de la FCD)

Commerce solidaire et commerce équitable

Pour les programmes de développement dans le cadre de relations Nord-Nord, on parle de commerce solidaire. Les critères du commerce solidaire sont des critères de développement, comme ceux du commerce équitable, mais s'appliquent à des producteurs du Nord. Des centres de production existent dans le sud de la France, en Italie et en Espagne, qui suivent une grille de critères proches de ceux du commerce équitable (contractualisation des achats sur le long terme, achats à un prix fixe supérieur au marché, priorité aux producteurs locaux...) mais adaptée aux exigences et au contexte des producteurs des pays du Nord. L'économie solidaire est d'ailleurs assez bien développée dans nos économies, à travers des dispositifs gouvernementaux ou non gouvernementaux, en faveur de populations émigrées ou de personnes handicapées par exemple (CAT, ateliers protégés...).

© Eyrolles Pratique

Ces distinctions faites, étudions à présent en détail les critères des chartes du commerce équitable. Il s'agit de découvrir en quoi ils permettent de garantir un développement durable des petits producteurs défavorisés, leur spécificité et leur complémentarité avec les initiatives décrites précédemment.

Le commerce équitable : un outil du développement durable

Pratiquer le commerce équitable, c'est travailler en priorité avec les producteurs les plus défavorisés et favoriser leur développement autonome et durable grâce à des conditions commerciales avantageuses : prix d'achat garanti, contractualisation sur le long terme, préfinancement, paiement d'une prime de développement...

Les fondements théoriques du commerce équitable, ses champs d'action et ses atouts

Les premiers acteurs à s'être engagés dans la voie du commerce équitable furent des associations de solidarité internationale qui menaient déjà des projets de lutte contre la pauvreté dans les pays en développement. Les besoins essentiels des plus pauvres seraient plus facilement et plus durablement comblés si étaient créées au préalable des structures productives susceptibles de les financer, sans dépendre d'aucune aide extérieure.

Ces associations virent en effet un double avantage dans la mise en place de ce type de commerce à partir du milieu des années 1960 :

▶ À la différence de l'aide apportée dans les pays sous forme de dons, comme c'est le cas dans l'aide traditionnelle, le commerce équitable établit un échange. Le financement d'un projet ne se fait pas à « fonds perdus », et, rapidement, le projet s'autofinance. Il présente donc un

© Eyrolles Pratique

caractère potentiellement plus pérenne qu'un projet qui ne permet pas de dégager directement des ressources pour se financer par lui-même.

▸ De plus, la vente des produits au Nord génère des ressources pour l'association et permet à terme son autofinancement. L'association est ainsi moins dépendante de l'aide publique et dispose d'une plus grande autonomie dans sa gestion. Il ne peut y avoir instrumentalisation de l'ONG (organisation non gouvernementales) au profit de l'État ou, plus largement, de celui qui finance le projet. Les consommateurs sanctionnent son activité. S'ils sont prêts à acheter les produits, c'est signe de sa réussite ; ce qui justifie de manière directe et incontestable le bien-fondé de l'activité de l'association.

Il s'agit de permettre aux producteurs et à leurs familles de vivre dignement et l'on considère que la meilleure manière d'y parvenir passe par le développement économique et la juste rémunération des acteurs de la filière.

C'est l'approche globale du commerce équitable qui constitue un formidable atout pour donner un élément de réponse à cette problématique du développement ; approche concrète et opérationnelle sur le terrain en ce qu'elle aide, sur des enjeux locaux et ciblés, au développement des groupes de petits producteurs ; approche mobilisatrice des consommateurs, industriels et distributeurs, ainsi que des pouvoirs publics des pays du Nord, les acteurs majeurs dans le changement des pratiques actuelles du commerce international. L'objectif est aussi bien le développement local des petits producteurs que la régulation des marchés au niveau international et le développement de normes et d'un label social international.

L'émergence du commerce équitable

Ces réseaux de vente solidaires formalisent progressivement leur démarche, et la notion de *Fair Trade* (commerce équitable) émerge avec le discours fondateur de la CNUCED (disponible sur le site www.unctad.org), qui donne un écho favorable et une légitimité à la démarche symbolisée par le slogan *Trade not Aid*, « le commerce, pas la charité », comme moyen de répondre aux enjeux du développement humain.

© Eyrolles Pratique

Le commerce équitable

Le mouvement humaniste et religieux

Le développement de ces associations est soutenu par les églises protestantes et catholiques en Europe, par les Mennonites aux États-Unis, par exemple, qui y voient un moyen d'humaniser l'économie, de replacer l'Homme au centre des préoccupations, de moraliser et de réintroduire une certaine éthique dans les affaires. L'église protestante est particulièrement impliquée, ce qui explique partiellement le développement plus rapide du mouvement dans des pays à dominante protestante comme la Hollande, la Suisse (voir le site www.claro.ch), l'Angleterre ou l'Allemagne. C'est le premier mouvement de soutien du commerce équitable que l'on appellera le courant humaniste et religieux.

Quelques dates

1949 : création de SERRV aux États-Unis, ONG favorisant les ventes de producteurs défavorisés.

1950 : début des activités d'importation de produits par Oxfam et vente à travers le réseau en Angleterre.

1954 : création de Self-Help aux États-Unis, réseau d'entraide et de solidarité internationale, vente de produits dans le cadre d'un commerce équitable Nord-Sud.

Le mouvement tiers-mondiste

Ce mouvement humaniste et religieux est relayé par le mouvement tiers-mondiste de la fin des années 1960, qui a, lui, un fondement idéologique et politique. Le mouvement tiers-mondiste dénonce des termes d'échange inégaux entre pays du Nord et pays du Sud, il remet fondamentalement en cause le mode d'organisation libéral de l'économie, qui conduit à l'exploitation et la « prolétarisation » des pays du Sud. Une redistribution plus équitable des richesses, l'internationale marxiste, la dénonciation du capitalisme comme une nouvelle forme d'impérialisme sur les pays du Sud sont au cœur des débats et des manifestations de l'époque. C'est la deuxième mouvance qui soutient les défenseurs d'un commerce plus équitable. Des initiatives sont menées par des syndicats et des groupes militants.

© Eyrolles Pratique

Quelques dates

1962 : conférence de la CNUCED : « Le commerce, pas la charité ».

1964 : naissance de la notion de commerce équitable.

1969 : ouverture du premier magasin dit de commerce équitable en Hollande.

1975 : ouverture du premier magasin de commerce équitable français, Artisans du monde.

Le mouvement du développement durable

Alors que le mouvement du commerce équitable était principalement soutenu par des groupes minoritaires et qui se posaient en opposants au système, l'intégration du commerce équitable comme force de proposition à l'intérieur du large mouvement du développement durable permet sa diffusion à un plus large public.

Comme nous l'avons vu précédemment, l'émergence du concept de développement durable contribue à légitimer et à institutionnaliser l'approche du commerce équitable. Dans ce dernier cas, le mouvement est plus rassembleur et consensuel puisqu'il s'adresse aussi bien aux citoyens qu'aux entreprises et aux États. Il ne remet pas en cause fondamentalement le système libéral mais propose des ajustements dans le processus de création de valeur, afin que la création de richesses aujourd'hui ne mette pas en péril notre capacité à répondre aux enjeux de demain. Il propose une croissance économique dynamique et saine, respectueuse de critères sociaux et environnementaux minimaux : limiter les impacts négatifs de la croissance économique sur la condition sociale des travailleurs et sur l'environnement, proposer des alternatives au modèle libéral actuel afin d'obtenir un développement plus respectueux de notre planète, plus solidaire avec les pays du Sud et aussi solidaire vis-à-vis des générations futures.

Dans les deux premiers courants, on distingue le commerce équitable, réservé à un circuit spécialisé alternatif, et l'action vis-à-vis des industriels et distributeurs classiques qui consiste en des campagnes de *lobbying*

© Eyrolles Pratique

pour des pratiques commerciales plus éthiques. Dans le courant du développement durable, on propose l'intégration des produits du commerce équitable dans les circuits de distribution classiques.

Les distributeurs et industriels sont plus à même d'entendre un discours qui s'intégrerait à leur activité économique, qui ajusterait leurs pratiques commerciales sans remettre en cause leur raison d'être, plutôt qu'un discours assez virulent qui dénonce systématiquement et fondamentalement le système libéral dont ils sont l'acteur principal. Le commerce équitable n'est plus perçu comme un mouvement d'opposition au développement économique mais, au contraire, il peut être un axe de développement stratégique de leur marque et de leur enseigne.

À savoir !

La création du label Max Havelaar en 1988 va dans ce sens. Il permet à des industriels et distributeurs classiques d'intégrer dans leur offre des produits du commerce équitable aux standards contrôlés et reconnus par tous. À partir du moment où la vente des produits du commerce équitable peut se faire dans les circuits de vente classiques (hypermarchés, supermarchés, supérettes, magasins bio...), les volumes de vente et la notoriété du concept décollent.

Quelques dates marquantes

1988 : création de l'IFAT (International Fédération for Alternative Trade), la fédération internationale du commerce équitable.

1988 : lancement du commerce équitable dans la grande distribution avec des produits labellisés Max Havelaar en Hollande.

1990 : création de l'EFTA (European Fair Trade Association), la fédération européenne des importateurs du commerce équitable, qui représente 12 importateurs du commerce équitable, soit 60 % des importations de commerce équitable au niveau mondial.

1997 : les trois labels internationaux de commerce équitable, Max Havelaar, Transfair et Fairtrade s'unissent dans FLO (Fairtrade Labelling Organization) l'organisation de labellisation du commerce équitable.

1998 : création de la Plate-forme française du commerce équitable.

1998 : introduction du commerce équitable dans la grande distribution en France.

© Eyrolles Pratique

Les chartes et critères

Les principaux critères

La charte de la PFCE (Plate-forme française du commerce équitable qui en réunit les acteurs) est divisée en deux parties :

> **Les critères d'exigence**, critères impératifs auxquels une organisation de commerce équitable ne peut déroger ;

> **Les critères de progrès** qui doivent être envisagés au fur et à mesure du développement de l'activité commerciale.

Critère d'exigence n° 1. « Solidaire : travailler en priorité avec les producteurs les plus défavorisés dans une démarche solidaire et durable. » C'est le critère numéro un du commerce équitable. On se doit de travailler en priorité avec les producteurs les plus défavorisés, dans des pays pauvres.

Critère d'exigence n° 2. « Direct : acheter le plus directement possible pour maximiser la marge du producteur. » Limitation des intermédiaires locaux, régionaux, nationaux, bourses locales...

Critère d'exigence n° 3. « Juste : garantir un prix d'achat juste, celui-ci devant permettre au producteur de vivre décemment. » Ce calcul des coûts doit être fait en garantissant le respect des critères sociaux et environnementaux minimums. Ils doivent couvrir les frais de production et un revenu décent pour le producteur.

Critère d'exigence n° 4. « Transparent : donner toute l'information sur le produit et les circuits de commercialisation. »

Critère d'exigence n° 5. « Qualitatif : valoriser les savoir-faire traditionnels et l'utilisation d'ingrédients ou de matériaux naturels. » Le respect de l'Homme passe nécessairement par le respect et la valorisation de son environnement.

Critère de progrès n° 1. « Favoriser les organisations participatives » respectueuses de la liberté d'expression et de l'avis de chacun sans discrimination aucune. Ce qui se traduit, dans un groupe, par une prise de décision démocratique ou, dans une entreprise, par la négociation entre patronat et syndicats.

© Eyrolles Pratique

Le commerce équitable

Critère de progrès n° 2. « L'élimination du travail des enfants » en utilisant les moyens les plus adaptés et dans leur intérêt. Le travail des enfants ne peut être toléré que dans une période transitoire ou dans le cadre d'un programme de scolarisation ou de formation professionnelle. La place d'un enfant est avant tout à l'école, qu'il n'y ait aucune possibilité de confusion à ce sujet. On considère que la meilleure manière de lutter durablement contre l'exploitation du travail des enfants est avant tout de sortir leurs parents de leur situation de pauvreté.

Critère de progrès n° 3. « Garantir un salaire et des conditions de travail décentes aux salariés » dans toutes les étapes de fabrication du produit, en particulier au niveau de l'hygiène, de la sécurité et des horaires de travail.

Critère de progrès n° 4. « L'encouragement des producteurs à l'autonomie », en privilégiant la diversification des débouchés, notamment sur le marché local. L'activité économique doit être rentable. Ce critère fait écho au slogan *Trade not Aid*, « Le commerce, pas la charité », énoncé lors de la conférence de la CNUCED en 1964. Le commerce équitable doit rester sur la base d'un échange réciproque gagnant, gagnant, du producteur au consommateur, et non d'une vente de charité (« un péché mortel ! » pour le père Franz Van der Hoff, fondateur du label Max Havelaar) ou d'une vente permise grâce à la « mise sous perfusion » du centre de production par des fonds privés ou publics.

Le commerce équitable vise l'autonomie des centres de production, au niveau de leur gestion et aussi de leur équilibre financier à terme. Il ne doit pas être une nouvelle forme de néocolonialisme plaçant les producteurs dans une situation de dépendance vis-à-vis des marchés ou des subventions des pays du Nord.

Critère de progrès n° 5. « Un engagement des acteurs envers leur environnement économique, social et environnemental. » Les bénéfices réalisés sont réinvestis dans la coopérative et/ou dans des programmes de développement à caractère collectif, économique, écologique ou social, y compris la formation. La maximisation de la valeur ajoutée économique, sociale et environnementale pour les producteurs est l'objectif ultime.

© Eyrolles Pratique

Pourquoi les petits producteurs ?

Les petits producteurs, les producteurs défavorisés ou marginalisés sont la cible privilégiée de l'action des acteurs du commerce équitable. Ainsi, à la différence du commerce éthique, il s agit ici de s'attacher à l'aide de ces producteurs du lointain extrême, « les producteurs du bout du monde », ceux qui sont situés après la grand route, en suivant pendant quelques heures un chemin de terre, puis un sentier, pour enfin arriver, en haut de la colline, après mille détours car le sentier a été dévié par des glissements de terrain… chez un producteur des plus défavorisés, qui satisfait ainsi au critère de solidarité numéro un du commerce équitable.

Pourquoi les pays pauvres ?

La question suivante revient souvent à propos du commerce équitable : « Pourquoi ne pas vendre les produits des petits producteurs français ou européens ? Eux aussi ont des difficultés importantes pour écouler leur production à un prix juste. Comment justifier ce choix d'aller systématiquement chercher les producteurs de pays pauvres éloignés alors que la pauvreté est aussi présente chez nos producteurs et que la vente de ces produits va peut-être même accentuer les difficultés de nos producteurs locaux ? » La question est légitime mais on ne meurt plus de faim dans les campagnes européennes, on n'y vit pas avec un revenu journalier de 1 à 2 dollars par jour. C'est là que l'urgence est la plus forte.

Les agriculteurs de la Communauté européenne comparés aux petits producteurs des pays du Sud

La France et, plus largement, la Communauté européenne sont bien représentées à l'OMC, les intérêts de nos agriculteurs sont bien mieux défendus que ceux des petits producteurs des pays du Sud, complètement absents de l'ordre du jour des négociations. Les enfants de nos agriculteurs vont à l'école, ils sont soignés, ils ont des perspectives de formation professionnelle agricole s'ils veulent reprendre l'activité de leurs parents ou de toute autre formation s'ils désirent en sortir. Les agriculteurs bénéficient de structures d'aide à la production et à la commercialisation, de subventions, le ministère de l'Agriculture français est puissant, comparativement aux ministères dans les pays du Sud.

© Eyrolles Pratique

Le commerce équitable

Enfin, nos économies sont beaucoup plus diversifiées : nous ne sommes ni mono-exportateurs ni majoritairement exportateurs de matières premières ; ainsi, dans le cas d'une chute des cours d'un produit agricole, ce n'est pas l'ensemble de notre économie qui risque de péricliter. Dans un grand nombre de pays du Sud, si. D'ailleurs, si l'on regarde les cours des matières premières agricoles, on voit que les produits tropicaux sont davantage tributaires de fortes variations (cacao, café, thé...) que les produits agricoles des pays tempérés (blé, orge, avoine...) dont les marchés sont mieux régulés en amont grâce à des politiques concertées de maîtrise de la production.

Le préfinancement

La coopérative de commerce équitable joue le rôle combiné d'aide à l'exportation et d'institut de micro-crédit.

Le principe de solidarité implique un autre élément, essentiel dans la relation de commerce équitable, le préfinancement des commandes parce que les producteurs les plus défavorisés ont généralement de gros problèmes de trésorerie, en particulier dans la phase de démarrage d'un projet. Ayant été amenés à vendre leurs produits à perte ou à un prix insuffisant par rapport à leurs besoins essentiels, ils n'ont aucune réserve.

L'accès au crédit pour ceux qui n'ont pas de garanties est très difficile, et souvent l'emprunt se fait à des taux usuriers prohibitifs, pouvant entraîner une forme d'esclavagisme économique par le créancier de la dette. Afin d'éviter d'entraîner les producteurs dans ce cercle vicieux d'endettement, les acheteurs du commerce équitable s'engagent systématiquement à pré-financer 30 à 75 % d'une livraison au moment de la prise de commande (parfois même au moment de la mise en culture du produit, si nécessaire). La coopérative reçoit donc de quoi avancer à ses membres une partie de l'investissement nécessaire à la production. Bien souvent d'ailleurs, les organisations de commerce équitable sont aussi considérées comme des instituts de micro-crédit, comme la plus célèbre, par exemple,

© Eyrolles Pratique

la Grameen Bank au Bangladesh (voir le site www.grameen-info.org) qui est par ailleurs un fournisseur important de produits d'artisanat et de produits textiles.

La contractualisation sur le long terme

Le principe de développement durable implique une relation commerciale qui s'établit dans la durée. Ce qui importe, c'est que la relation commerciale porte réellement ses fruits en terme de développement durable de la coopérative, et ceci peut prendre jusqu'à 20 ans, selon le niveau de départ, la situation d'urgence des bénéficiaires ou le nombre de producteurs désireux de s'inscrire dans la démarche.

Ainsi, même si les contrats d'achat sont rarement formalisés de manière écrite, une relation de commerce équitable induit une stabilité dans le choix du fournisseur pour un produit donné. On ne va pas délocaliser la production suite à une variation du taux de change.

Dans le cas des coopératives de thé et de café d'Afrique de l'Est, qui comptent jusqu'à 150 000 membres, en Tanzanie, en Ouganda ou au Kenya, par exemple, le commerce équitable ne représente à ce jour qu'un très faible niveau de commande par rapport à l'ensemble de la production de ces coopératives. Elles continuent donc de vendre majoritairement leurs produits à des acheteurs du marché classique au prix du marché mondial. L'enjeu est donc de taille pour les acteurs du commerce équitable.

Le développement d'organisations de producteurs participatives et non discriminantes

Les projets incluent souvent un volet ayant trait à l'émancipation des femmes.

L'accès au travail *via* des emplois à domicile ou à temps partiel permettent aux femmes d'allier une activité économique avec leurs tâches à la maison. Les femmes sont souvent dans des situations encore plus précaires que les hommes à contexte égal : « Il y a toujours une personne

© Eyrolles Pratique

plus pauvre que le pauvre, c'est sa femme. » Ce sont pourtant elles qui contribuent à l'effort de développement, plus que les hommes, dans les pays du Sud, selon une étude du PNUD (Programme des Nations unies pour le développement) datant de 1998. L'étude d'Amartya Sen, dans son livre *Development as Freedom*, sur les 100 millions de femmes disparues est éloquent : grâce à des modèles macro-économiques, Sen démontre qu'en raison des inégalités de traitement entre hommes et femmes, plus de 100 millions de femmes n'existent plus aujourd'hui... du fait de l'impact de ces inégalités de traitement sur leur espérance de vie.

Ainsi, un grand nombre de projets de commerce équitable sont principale-ment, voire uniquement, composés de femmes. Ils ont pour objectif de promouvoir le statut de la femme en lui donnant un accès égal au travail par rapport à l'homme ; ils sont généralement liés à des projets intégrés, comprenant un volet médical (planning familial, fonds de sécurité sociale) et de suivi familial (scolarisation des enfants) ou économique (ouverture de points de vente...).

On peut à ce titre citer les expériences de la société Artisans du Liban, composée à 70 % de femmes, de l'association Crafts Village Kenya qui travaille avec une cinquantaine d'artisans isolés et défavorisés au Kenya, en majorité des femmes, et de l'association JNN en Inde, organisation composée exclusivement de femmes.

Le réseau se structure

On compte aujourd'hui près de 600 centres de production de commerce équitable répartis dans plus de 85 pays différents et pour 800 000 bénéficiaires dans le monde.

Il est à noter la prédominance des coopératives productrices de café : 150 coopératives pour 515 000 bénéficiaires, soit plus de la moitié des personnes bénéficiaires du système. C'est le produit de commerce équi-table le plus vendu du fait de son introduction précoce dans les circuits de la grande distribution. C'est aussi la matière première qui représente le

© Eyrolles Pratique

plus gros volume d'échanges (en valeur : de 9 à 15 milliards de dollars de chiffre d'affaires annuel) sur les marchés mondiaux après le pétrole, d'où l'importance de l'enjeu. Les groupes de producteurs du commerce équitable sont répartis entre l'Afrique (200 centres), l'Asie (200 centres) et l'Amérique centrale et du Sud (200 centres). On compte ensuite une centaine d'importateurs spécialisés dans le monde, dont sept en France. La moyenne de leur chiffre d'affaires annuel est d'un million d'euros. Enfin, on compte 3 500 points de vente spécialisés, dont 100 en France (selon l'« Étude mondiale sur le commerce équitable » d'Alter Eco PwC Conseil en mai 2001 disponible sur le site www.altereco.com).

Ces chiffres sont forcément approximatifs, un grand nombre de groupes de petits producteurs isolés, d'importateurs et de distributeurs qui pratiquent cet échange, ne sont pas répertoriés. Disons qu'ils correspondent aux centres de production connus, qui pratiquent le commerce équitable et le revendiquent. Les groupes de producteurs ont été identifiés comme tels parce qu'ils sont :

- soit fournisseurs de membres de la Fédération européenne des importateurs du commerce équitable (European Fair Trade Association) ;

- ou membres de la Fédération internationale du commerce équitable (International Fédération for Alternative Trade) ;

- soit fournisseurs directs de magasins de commerce équitable indépendants, membres d'une fédération nationale (comme la Plate-forme française pour le commerce équitable, le réseau de magasins Wereldwinkel en Hollande, la Fair Trade Federation aux États-Unis), ou de la Fédération européenne des magasins de commerce équitable (NEWS : Network of European World Shops) ;

- ou certifiés par l'organisation de labellisation internationale du commerce équitable (Max Havelaar en France, FLO au niveau mondial).

L'objectif de ces réseaux est le développement des producteurs avant tout. Les structures d'importation sont toutes contrôlées par des associations à but non lucratif, qui se portent garantes de la valeur ajoutée supplémentaire apportée au producteur en terme de développement durable.

© Eyrolles Pratique

Le commerce équitable

L'IFAT, le réseau fondateur et spécialisé

L'ouverture et l'esprit de confiance qui règnent à l'IFAT dénotent une vraie volonté de rassembler un grand nombre d'initiatives, même si elles s'expriment sous des formes différentes, autour d'un projet commun : le développement de pratiques plus équitables dans le commerce Nord-Sud.

La Fédération internationale du commerce équitable (l'IFAT, voir son site www.ifat.com), créée en 1989, regroupe des producteurs et importateurs spécialisés : plus de 160 membres dans 50 pays, dont une centaine de producteurs du Sud et une soixantaine d'organisations importatrices et distributrices au Nord. L'objectif de la fédération est de protéger et de promouvoir l'idée de commerce équitable et de développer les échanges.

Ainsi, on retrouve dans l'IFAT aussi bien un groupe de petits producteurs népalais d'instruments de musique, que The Bodyshop, entreprise de distribution de cosmétiques internationale (800 magasins dans le monde, voir le site www.thebodyshop.com), réputée pour son département de *sourcing* spécialisé en commerce équitable (*Community Trade* selon le nom du programme Bodyshop). La fédération se réunit tous les deux ans avec tous ses membres au niveau international, et plus régulièrement au niveau régional (Europe, Asie, Afrique, Amérique du Sud) afin de développer des synergies entre les acteurs. L'ensemble des décisions majeures sont prises en assemblée générale internationale, les administrateurs sont eux aussi élus en assemblée, et les débats entre des membres d'origines si différentes ne manquent pas d'intérêt, ni de panache. L'IFAT est dotée d'une charte comparable a celle de la PFCE (voir sur www.ifat.org)

EFTA et NEWS, importateurs et distributeurs spécialisés

Les points de vente de NEWS sont généralement gérés par des structures associatives. Leur objectif est de faciliter le développement des réseaux de magasins, grâce à des structures d'importation professionnelles qu'elles contrôlent et qui leur fournssent des services logistiques communs.

© Eyrolles Pratique

La vente de produits du commerce équitable a démarré en Europe du Nord au milieu des années 1960 et les réseaux de vente spécialisés restent aujourd'hui encore prédominants en Europe.

On compte à ce jour plus de 3 500 points de vente spécialisés dans le monde, dont 3 000 en Europe ; 2 500 sont membres du réseau NEWS (voir le site www.worldshop.org) en Europe. Ces magasins, en particulier les membres du réseau NEWS, sont généralement réunis dans des fédérations nationales associatives de points de vente (on en compte 15 en Europe, réparties dans 13 pays différents), comme la fédération Artisans du monde (voir le site www.artisansdumonde.org) créée en 1974 et qui totalise aujourd'hui plus de 100 points de vente. Elle reste à ce jour la seule chaîne de distribution spécialisée de commerce équitable, significative en France.

Un groupe de personnes, faisant partie d'une même association de solidarité internationale ou locale, d'une même paroisse ou simplement amis, décident de créer une association loi 1901, dont l'objet est la vente de produits du commerce équitable, et deviennent vendeurs bénévoles, avec l'aide d'autres membres, d'un point de vente ambulant ou d'une boutique qu'ils ouvrent au nom de l'association. Ces initiatives se sont développées rapidement à partir du milieu des années 1960, et, une fois réunies dans une même fédération nationale, ces associations ont décidé de créer des structures nationales communes d'importation des produits.

Solidar'monde, importateur de produits du commerce équitable

En France, la fédération Artisans du monde a fondé en 1984 la société anonyme Solidar'monde (voir le site www.solidarmonde.fr), avec le soutien de fonds d'investissements éthiques comme ESFIN Participation (le groupe ESFIN Gestion étant majoritairement détenu par le Crédit coopératif et des fonds mutualistes français comme la MACIF, MAIF, MATMUT...), dont le but est l'importation de produits du commerce équitable pour les magasins de la fédération Artisans du monde et des magasins indépendants. Cette structure est aujourd'hui le principal importateur spécialisé en France. Solidar'monde importe 1 500 références de produits différents (alimentaires secs et non alimentaires), de plus de 70 groupes de producteurs répartis dans 42 pays.

© Eyrolles Pratique

Le commerce équitable

La charte de Solidar'monde met particulièrement l'accent sur le cœur du sujet du commerce équitable, à savoir sa participation au développement des petits producteurs ; c'est d'ailleurs son rôle en tant qu'importateur au service du réseau de magasins Artisans du monde. Que l'importation des produits génère un véritable processus de développement durable pour le producteur, c'est là l'essentiel. L'objectif final est leur autonomie et la sortie de la pauvreté. On retrouve l'esprit du critère d'exigence n° 1 de la PFCE. Il y a donc bien une convergence des définitions entre les différents acteurs du commerce équitable.

On retrouve des structures d'importation spécialisées similaires à Solidar'monde dans 11 autres pays d'Europe : GEPA en Allemagne (voir le site www.gepa3de), Oxfam Wereldwinkel en Belgique (voir le site www.oww.be), Claro en Suisse (voir le site www.claro.ch), Traidcraft en Angleterre (voir le site www.traidcraft.co.uk), CTM en Italie (voir le site www.altromercato.it).... Elles fournissent les réseaux nationaux de magasins associatifs.

Ces importateurs sont réunis dans la Fédération européenne des importateurs du commerce équitable (EFTA) et totalisent plus de 50 % des produits de commerce équitable importés en Europe. La filière est bien contrôlée d'amont en aval, les membres se connaissent et partagent l'information sur les fournisseurs, ils importent des produits en commun et pratiquent une véritable transparence.

L'EFTA (e-mail : www.eftafairtrade.org) offre une répartition du travail et des activités communes dans le domaine de l'importation des produits (achats groupés pour l'ensemble des acteurs), de l'assistance aux producteurs et du *lobbying* vis-à-vis des instances européennes sur les enjeux du commerce Nord-Sud.

© Eyrolles Pratique

Schéma classique d'importation et de commercialisation d'un produit du commerce équitable dans le circuit spécialisé

Un producteur membre de l'**IFAT**

▼

vend à un importateur de l'**EFTA**

▼

qui revend à un point de vente spécialisé associatif
membre d'une **fédération nationale**

▼

elle-même membre du **réseau européen NEWS**

La vente de produits du commerce équitable se fait aussi à travers d'autres réseaux spécialisés et dans des boutiques gérées par des associations ou des sociétés privées indépendantes. Nous reviendrons plus en détail sur celles-ci dans la prochaine partie.

FLO et le label Max Havelaar

En parallèle du réseau spécialisé, s'est développé un système indépendant de labellisation international. FLO en est l'organisme central et certificateur. Chacune des filiales nationales se charge de la promotion du label auprès des industriels, distributeurs et consommateurs finaux présents sur son territoire.

Deux Hollandais, Nico Roozen et le père Franz van Der Hoff (prêtre ouvrier au Mexique) en sont à l'origine, soutenus par des associations de solidarité internationale et les acteurs mêmes du commerce équitable. FLO, créée en 1988, est une organisation représentée en France par le label Max Havelaar. Elle agrée des groupes de producteurs du commerce équitable suivant un cahier des charges établi au niveau international et adapté à chaque produit concerné.

© Eyrolles Pratique

Le commerce équitable

La mise en place des filières labellisées se fait produit par produit afin de permettre aux groupes de producteurs labellisés, généralement déjà fournisseurs des circuits d'importation spécialisés, d'accéder progressivement aux circuits de commercialisation classiques. Il s'agit également de permettre à un importateur ou distributeur classique d'entrer dans la démarche du commerce équitable, sans pour autant en être un spécialiste. L'objectif était l'introduction de produits de commerce équitable dans la grande distribution, comme ce fut le cas pour le café dès 1988 en Hollande.

FLO est aujourd'hui composé de filiales nationales dans 17 pays en Europe (dont Max Havelaar en France –voir le site www.maxhavelaarfrance.org), aux États-Unis (voir le site www.transfairusa.org), au Canada (voir le site www.transfair.ca) et au Japon (voir le site www.transfair-jp.com). Elle a des correspondants dans la plupart des pays où sont présents des producteurs labellisés.

Le réseau de producteurs certifiés FLO s'étend sur 44 pays, compte 320 organisations certifiées et 800 000 producteurs et travailleurs bénéficiaires pour 350 millions d'euros de CA annuel et 35 millions d'euros de revenu supplémentaire estimé.

Carte du réseau de producteurs
certifiés FLO à travers le monde

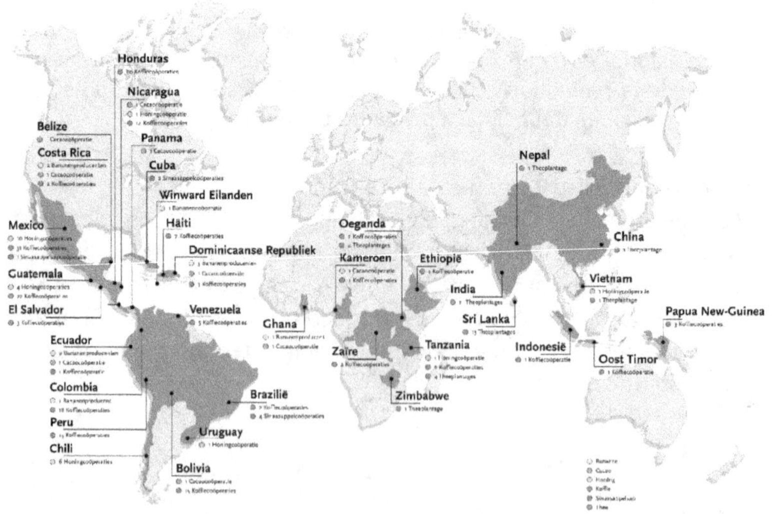

© Max Havelaar

© Eyrolles Pratique

Une charte et des critères de labellisation

Max Havelaar ne vend ni n'achète de produits. Son objectif est double :

- Soutenir les producteurs les plus défavorisés des pays du Sud par des pratiques commerciales plus équitables en assurant aux petits producteurs un prix décent pour leur récolte, en améliorant les conditions de travail, en finançant des projets communautaires (centre de santé, école...) et en réduisant les intermédiaires entre le producteur et le consommateur ;

- Informer et sensibiliser au commerce équitable les industriels de la filière, les consommateurs individuels et collectifs (entreprises, universités, mairies).

Ses principes fondamentaux sont comparables a ceux étudiés précédemment.

Le contrat signé entre les organisations de commerce équitable et les petits producteurs fixe des engagements réciproques pour chacun. Les organisations garantissent les principes du commerce équitable, tandis que les petits producteurs s'engagent sur la qualité des produits et les délais de livraison, la démocratie et la transparence, notamment dans l'utilisation des bénéfices du commerce équitable. Max Havelaar ne pouvait instaurer des critères sociaux sans tenir compte des questions de santé des producteurs et des questions d'environnement. C'est pourquoi l'association met aussi l'accent sur l'utilisation de techniques de production respectant les écosystèmes spécifiques, contribuant à la conservation et l'utilisation raisonnable des ressources naturelles. Ainsi Max Havelaar veille-t-il à l'utilisation minimale, voire l'abandon total, des produits chimiques et encourage la culture biologique.

À savoir ! L'obtention du label Max Havelaar répond à ces critères qui engagent tous les acteurs de la filière d'un produit. Ces critères sont regroupés dans un cahier des charges et font l'objet d'un contrôle rigoureux et permanent.

© Eyrolles Pratique

Le commerce équitable

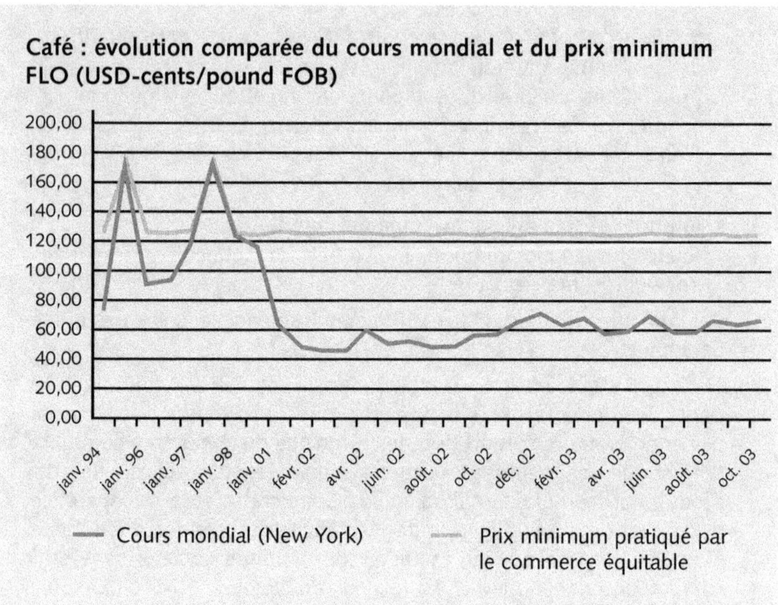

L'exemple de la filière du café labellisé Max Havelaar, depuis les groupes de petits producteurs jusqu'aux consommateurs finaux

Le système garantit aux producteurs, même si le cours mondial du café est en baisse :

- Un prix minimum d'achat couvrant les frais de production (l'achat de semences, d'engrais, le coût de la main-d'œuvre) et satisfaisant les besoins élémentaires (alimentation, santé, scolarité) des familles des petits producteurs ;

© Eyrolles Pratique

■ Une prime de développement destinée aux investissements collectifs économiques ou sociaux (santé, éducation, formation…).

Si le cours mondial dépasse le prix minimum garanti, celui-ci s'aligne dessus, y ajoutant la prime de développement de 5 cents de dollar par livre de café acheté. Ce cas de figure est très rare, le « prix » Max Havelaar est à titre d'exemple actuellement plus de deux fois supérieur au niveau du cours mondial.

Le préfinancement des récoltes à hauteur de 50 % fait aussi partie des règles imposées aux importateurs du commerce équitable. Le versement de cet acompte est vital lorsque les bénéficiaires n'ont pas de fonds de roulement nécessaires pour acheter la matière première ou pour vivre entre la commande et le règlement final. La coopérative peut dès lors assurer son propre fonctionnement entre deux récoltes et soutenir ainsi ses membres (producteurs).

Les améliorations apportées par Max Havelaar aux coopératives consistent avant tout en un renforcement de leur organisation, tant au niveau local que régional. Cette meilleure organisation engendre une capacité de négociation accrue sur le marché, réduisant ainsi leur dépendance vis-à-vis des intermédiaires. Elle encourage notamment le développement des infrastructures des coopératives : mise en place d'aires de séchage, achat de petit matériel de dépulpage, construction d'habitations ou d'écoles, achat de parcelles de terre supplémentaires, création de caisses de crédit… Toutes ces améliorations contribuent donc à l'accroissement du niveau de vie rural, condition essentielle d'un décollage économique à long terme.

De leurs côtés, les importateurs se doivent de s'approvisionner auprès de ces coopératives agréées par Max Havelaar (toutes présentées dans des registres établis par l'association FLO pour chaque produit labellisé). Enfin, les torréfacteurs s'impliquent en versant un droit de « label » à Max Havelaar (en France, il est de 20 centimes d'euro par kilo vendu) qui finance partiellement le système de labellisation. Ils s'engagent en outre à expliquer la démarche et à faire apparaître le label Max Havelaar sur l'emballage des produits vendus.

© Eyrolles Pratique

Le système de labellisation Max Havelaar authentifie ainsi un produit et participe à sa promotion auprès de l'ensemble des acteurs de la chaîne de valeur du commerce classique. Aujourd'hui, les produits labellisés par ce système sont le café, le thé, le jus d'orange, le chocolat, le sucre, le miel, le riz, la banane et la mangue. D'autres produits, même non alimentaires comme le coton, sont en cours de labellisation, selon les mêmes critères.

Comparaison du prix du café entre le système traditionnel et le système Max Havelaar

© Max Havelaar

Le système de labellisation Max Havelaar est fortement complémentaire du réseau de vente spécialisé puisqu'il a pour objectif de soutenir les producteurs du Sud en leur garantissant les mêmes critères que ceux du commerce équitable mais pour des achats effectués par des acteurs du commerce classique et principalement vendus en grande distribution.

Les quatre organisations majeures de producteurs, d'importateurs, de distributeurs et de labellisation veulent aujourd'hui se réunir autour d'une plate-forme de coordination internationale. Cette structure, baptisée FINE (F de FLO, I de IFAT, N de NEWS et E de EFTA) n'est pas encore formalisée :

© Eyrolles Pratique

des discussions ont lieu entre les différents organismes sur la définition commune à adopter pour le commerce équitable et sur l'étendue du rôle qui lui serait confié.

La marque Alter Eco et sa méthodologie d'évaluation des fournisseurs du commerce équitable

L'objectif est de mieux comprendre les enjeux du développement durable du centre de production et d'étudier les moyens à mettre en place pour maximiser la valeur ajoutée économique, sociale et environnementale du projet.

Au cours des quatre dernières années, Alter Eco, une marque de commerce équitable vendue principalement en grande distribution, a réalisé une centaine d'audits de fournisseurs du commerce équitable, répartis dans une vingtaine de pays différents : Madagascar, Cameroun, Kenya, Tanzanie, Sénégal, Liban, Syrie, Maroc, Haïti, Cuba, Mexique, Nicaragua, Pérou, Brésil, Bolivie, Thaïlande, Laos, Vietnam, Inde, Sri Lanka… selon une méthode quantifiée et standardisée nommée FTA 200 (Fair Trade Audit 200).

Celle-ci s'articule autour de ces trois axes : économique, social et environnemental, comme c'est d'ailleurs le cas pour la plupart des chartes de développement durable, et se rapproche ainsi de celles du secteur classique. Au fur et à mesure des audits, qui sont plus des rencontres que des audits/sanction, l'outil a été affiné, certaines questions ajoutées, d'autres retirées, le système de notation s'est amélioré, afin d'obtenir la méthodologie la plus objective possible dans l'étude des filières de commerce équitable. Cette méthodologie devait être également quantifiée, permettre de donner une note d'évaluation des risques et de la performance globale du centre de production par rapport à la triple qualité économique, sociale et environnementale. Il s'agissait de pouvoir mieux catégoriser les différents types de centres de production, et ainsi trouver une adéquation parfaite entre les exigences du client au Nord et les capacités du producteur au Sud.

© Eyrolles Pratique

La valeur des notes de la méthode FTA 200

La quantification de la méthodologie et l'objectivation au maximum des critères fait qu'aujourd'hui, cette méthodologie permet d'étalonner et de comparer les coopératives au niveau mondial avec une marge d'erreur de moins de 10 %. Par exemple l'audit FTA 200 d'une même filière, la SOFA au Sri Lanka, a été réalisé par trois auditeurs indépendants, et ils ont tous trouvé le même niveau de note à 10 % près !

Pour ce qui concerne les critères de performance économique, une note plus faible est acceptée pour la vente en circuit spécialisé associatif, car c'est la mission de ces circuits spécialisés d'accompagner les centres de production dans le démarrage de leur activité. En revanche, pour la vente dans les circuits de la grande distribution, Alter Eco s'oblige à ne choisir que des centres de production dont la performance globale est déjà très élevée (une note supérieure à 150), car ces clients sont très exigeants au niveau des volumes, de la qualité, du prix, de la maîtrise de la valeur ajoutée sociale et environnementale. Ceci n'a aucunement pour objectif de distinguer du « bon commerce équitable » avec du « moins bon », mais uniquement de catégoriser les coopératives par rapport à leur état d'avancement dans le cadre des programmes d'amélioration continue de leur valeur ajoutée économique, sociale et environnementale.

En effet, l'objectif de FTA 200 est de maîtriser les risques et maximiser la valeur ajoutée de la relation commerciale, aussi bien pour le client que pour le fournisseur, particulièrement dans le cas de la vente à la grande distribution. Dans le commerce équitable, les profils des coopératives varient beaucoup : entre quatre femmes tisseuses issues d'une minorité ethnique au nord du Vietnam réalisant 20 écharpes brodées en soie par mois, et la Kilimandjaro Cooperative en Tanzanie, qui compte près de 100 000 producteurs de café, qu'y a-t-il de commun, si ce n'est la volonté de favoriser un développement économique sain et durable ? Le premier groupe sera adapté à la vente en réseau spécialisé, le dernier aura besoin de débouchés dans la grande distribution.

© Eyrolles Pratique

FTA 200 a l'objectif d'optimiser la relation entre l'offre et la demande, et de garantir que le commerce équitable, même à grande échelle, restera du « vrai commerce équitable ». Il n'a pas la prétention de dire, en revanche, si une coopérative est équitable ou non, ceci restant du ressort de Max Havelaar, *le* label du commerce équitable.

Un deuxième axe d'action : les campagnes d'opinion au Nord

L'action ne se limite pas à l'aide aux producteurs sur le terrain. Il s'agit, en aval, de mobiliser le consommateur sur la nécessité de développer les ventes de produits du commerce équitable et, de manière complémentaire, d'encourager la mise en place de chartes éthiques chez les grands industriels et distributeurs du commerce classique et d'interpeller des pouvoirs publics sur ces questions.

La campagne « 500 villes s'engagent pour un commerce équitable »

En France, c'est à partir de 1998 que les acteurs publics se sont engagés dans la consommation de produits équitables portant le label Max Havelaar. Les pionniers furent l'Élysée, Matignon, le Sénat, l'Assemblée nationale, des ministères, quelques conseils régionaux et départementaux et quelques villes. Si l'on compare la situation aux Pays-Bas où 50 % des collectivités locales consomment des produits équitables, il est évident que la France est en retard. Pourtant, les collectivités locales ont un rôle à jouer dans l'information de proximité de leurs habitants sur les enjeux Nord-Sud, la mondialisation et le développement durable. En outre, le commerce équitable est une action complémentaire des démarches de jumelage et de coopération décentralisée, souvent entreprises par les mairies, conseil généraux ou régionaux.

En mai 2002, l'association Max Havelaar France lançait sa campagne « 500 villes s'engagent pour le commerce équitable ». Même si la campagne s'adresse aussi aux communautés urbaines, aux communes,

© Eyrolles Pratique

Le commerce équitable

aux conseils régionaux et aux conseils généraux, Max Havelaar France a estimé opportun de l'adresser plus particulièrement aux villes étant donné leur proximité avec les habitants.

L'objectif de cette campagne était double : inciter les collectivités locales françaises à s'engager dans une politique globale de promotion du commerce équitable, médiatiser leur engagement afin qu'il ait valeur d'exemple pour les citoyens consommateurs français.

En conclusion

Au niveau local, la mise en place de filières du commerce équitable est avant tout centrée sur le regroupement et le renforcement de la capacité de production de petits producteurs. Généralement, plusieurs partenaires locaux et internationaux s'associent sur un projet en apportant chacun leurs compétences sur les différents enjeux de développement durable du groupe de producteurs.

On retrouve dans les enjeux de développement de filières de commerce équitable les thèmes principaux du développement durable à savoir :

- La mise en place d'un modèle économique sain et performant (valorisation des produits, intensification et diversification des cultures) ;

- Un respect des conditions sociales (salaires permettant au producteur et à sa famille de vivre dignement en terme de nutrition, santé, éducation des enfants...) ;

- Un respect et une valorisation de l'environnement (transition bio, utilisation d'engrais verts, traçabilité et transparence, valorisation des modes de culture traditionnels...).

© Eyrolles Pratique

Les acteurs du commerce équitable, aux vocations complémentaires, agissent à tous les niveaux de blocage du développement des petits producteurs, depuis la structuration des groupes de producteurs au niveau local, jusqu'au *lobbying* au niveau international pour changer les règles du commerce international, en passant par ce qui constitue toujours le cœur de leur activité : la vente des produits pour la maximisation des débouchés pour les producteurs.

Le réseau est structuré, les définitions et objectifs globalement similaires, le financement du mouvement assuré de manière complémentaire par la vente des produits et des subventions publiques et privées, et le mouvement et les ventes se développent assez rapidement, surtout depuis les dix dernières années. Il est actuellement favorisé par le mouvement global pour un développement durable qui touche l'ensemble des acteurs économiques dans lequel il s'intègre comme un outil.

© Eyrolles Pratique

Partie II

Du petit producteur...
au consommateur

Partons à présent à la découverte des circuits du commerce équitable, depuis les lieux de production... jusqu'aux lieux de vente des produits.

Chapitre 3

Les producteurs…
la cheville ouvrière
du commerce équitable

Nous allons vous présenter maintenant différentes organisations qui importent et distribuent les produits du commerce équitable ; celles qui réalisent des produits alimentaires et non alimentaires, les coopératives, plantations, organisations de type mixte (entreprise et fondation)…ainsi qu'une grande diversité d'autres initiatives originales et dynamiques.

Ces récits sont avant tout des histoires de rencontres d'Homme à Homme ; d'échange pratiqué dans un respect mutuel, accompagné du désir de mieux connaître l'autre et de progresser ensemble. Le commerce équitable n'est pas un produit mais plus une démarche, une attitude différente envers celui à qui on achète un produit, ou plutôt avec qui on échange. Le partage de valeurs et d'espoir, la volonté commune de faire progresser un commerce plus juste sont aussi importants que l'échange marchand. Beaucoup rappellent que l'éthique est avant tout une démarche personnelle, spirituelle ; la quête d'un mieux qui se traduit chaque jour en actes, sans que l'on ait besoin de le labelliser, de le normer. Au fond, tout commerce ne devrait-il pas être éthique ? Est-il nécessaire de se justifier à travers un mouvement organisé alors que l'on porte déjà ces valeurs naturellement en soi et qu'on les pratique… ?

Il n'empêche ! Ces économies doivent être préservées dans leur démarrage, le petit producteur aidé à se relever après que ses revenus ont été écrasés pendant de nombreuses années du fait même de la pression de la libéralisation et de la dérégulation des échanges internationaux. Il faut réinvestir dans ces économies et redistribuer les cartes pour leur permettre de participer et de bénéficier des bienfaits d'une croissance économique durable, mieux maîtrisée, pour que les pays du Sud ne fassent pas qu'essuyer les dommages collatéraux.

© Eyrolles Pratique

D'une petite coopérative à une filière bien rodée

Situation géographique de la coopérative SDK et de l'entreprise ESAN dans la province de Surin, en Thaïlande

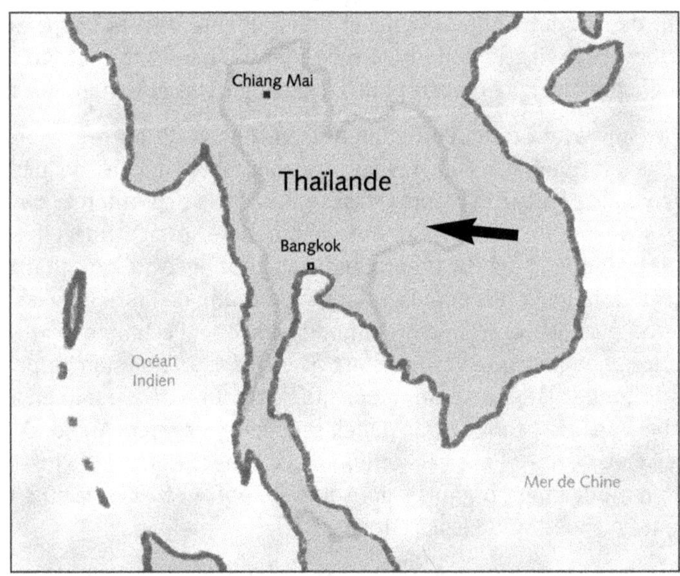

Les débuts de la coopérative Surin Djan Kat en Thaïlande

Son environnement : la province de Surin en Thaïlande

La province de Surin, avec 1,4 millions d'habitants, est la 73e des 76 provinces que compte la Thaïlande, en terme de niveau de développement économique, selon les sources du gouvernement thaïlandais.

© Eyrolles Pratique

3. Les producteurs

Le revenu annuel moyen par habitant n'y est que de 400 euros en milieu urbain et 120 euros en milieu rural, soit un revenu moyen pondéré de 200 euros.

La production de riz de la province est de 1 300 000 tonnes par an et représente 50 % de ses revenus, 90 % de la population en dépendant. Les 105 coopératives de la région de Surin ne représentent que 24 000 tonnes de riz produit (soit à peine 2 %). Le reste est commercialisé par les moulins qui achètent directement à plus de 300 000 petits producteurs indépendants (la surface moyenne cultivée est de 1,5 hectares). Seules 11 % des terres sont irriguées et cultivées de manière mécanisée.

Dans la province de Surin, chaque producteur n'a qu'une surface cultivée très limitée, 1,5 hectares en moyenne, soit, pour 3 tonnes de paddy par hectare (rendement moyen), et un prix de vente moyen du paddy en 2003 de 7,5 bahts aux moulins locaux : 33 750 bahts de chiffre d'affaires. On estime le coût de production d'un kilo de paddy à 5,2 bahts par kilo. Ainsi, le coût de production global annuel pour ce producteur est de 23 400 bahts, et son revenu net annuel de 10 350 bahts… soit environ 200 euros. Les principales difficultés liées à la culture du riz sont les attaques d'insectes et la sécheresse, qui fut particulièrement forte en 2003. Les autres produits cultivés par les membres de Surin sont les pois et les haricots (source de nitrogène pour le sol, entre deux cultures de riz).

D'après un entretien avec le gouverneur de la province, les acheteurs sont les moulins, majoritairement détenus par des individus issus de la diaspora chinoise, organisés pour imposer le prix d'achat du paddy (riz non décortiqué) aux petits producteurs indépendants de la région. La situation est fortement inégalitaire et maintient les petits producteurs indépendants dans cette situation d'impuissance.

La priorité est au regroupement des petits producteurs en coopérative, afin de les aider à mieux faire face aux acheteurs des moulins à riz, l'objectif étant de les doter de moulins afin de les affranchir des acheteurs chinois. La transition à l'agriculture biologique apparaît aussi comme une priorité afin de mieux valoriser le produit mais aussi de mieux valoriser les sols.

© Eyrolles Pratique

Le commerce équitable

Ainsi, le gouvernement local a-t-il développé un label bio local « Surin Organic Agriculture » et recherche actuellement une reconnaissance internationale pour ce label. Le gouvernement distribue chaque année des subventions aux coopératives afin de les aider à se structurer et à faire face à la baisse du niveau de production durant la période de transition au bio. De plus, la province a développé un vaste programme de formation à l'agriculture biologique qui vise plus de 10 000 producteurs. Le coût de la certification biologique avec reconnaissance internationale reste un problème majeur. Les autres enjeux sont la diversification des cultures (en particulier le développement de cultures vivrières et l'irrigation).

Une politique de commerce équitable au bénéfice de la structure

SDK, Surin Djan Kat (aussi appelée OACS : Organic Agriculture Cooperative Surin) est une coopérative récemment créée (en 2001) qui compte déjà 192 membres, administrée par un comité élu de 15 membres. Elle est labellisée par Max Havelaar depuis 2002.

Alter Eco (une marque de commerce équitable vendue principalement en grande distribution) lui a acheté 80 tonnes de riz en 2003, avec une prime de 5 bahts/kilo (coût total du riz blanc = 13,5 bahts, pour un prix payé de 18,5 bahts/kilo), soit 400 000 bahts de prime. De plus, en 2002, la coopérative avait reçu une subvention de 900 000 bahts, suivie d'une autre de 1,1 millions de bahts en 2003 de la part du gouvernement thaïlandais. En 2004, Alter Eco s'est engagé à acheter 160 tonnes de riz, soit l'équivalent de la production commercialisable de près de 100 producteurs...

Utilisation des fonds alloués en 2003 à SDK

La deuxième subvention du gouvernement thaïlandais, ainsi que la prime Alter Eco (pour un total de 1 490 000 bahts, soit 30 000 euros) ont été utilisées pour :

- Le financement des commandes de SDK aux producteurs (le montant en caisse de pour l'achat de riz est ainsi passé de 126 000 à 600 000 bahts, soit 500 000 bahts d'augmentation) ;

- Des préfinancements (d'un montant maximum de 10 000 bahts par producteur) ont été octroyés à 72 producteurs ;

© Eyrolles Pratique

3. Les producteurs

- L'achat d'un ordinateur ;

- L'achat d'engrais verts ;

- Le développement et l'achat de packagings pour vendre sur le marché local ;

- Le financement de la construction de diguettes et de l'aplanissement de terrains pour 30 producteurs membres afin de les aider en période de transition bio à mieux maîtriser le flux de l'eau ;

- Le financement, enfin, pour une partie des fonds d'un programme de formation de 20 producteurs à l'agriculture biologique, les 192 membres de SDK étant à présent tous en transition bio ;

- Le financement de frais variés : déplacements, formations, administration... Les membres ont par exemple participé à différentes conférences à Surin, sur le développement de l'indication géographique Hom Malee (protection de l'appellation « Riz Thaï Jasmin ») ainsi que sur l'agriculture durable (100 000 bahts).

Les projets pour 2004 sont de :

▶ Continuer les efforts et l'accompagnement des membres vers l'agriculture biologique ;

▶ Construire un local pour la coopérative qui lui appartienne (pour l'instant, la coopérative est hébergée au domicile de sa vice-présidente) ;

▶ Faire bénéficier les membres d'un programme de sécurité sociale et de prévoyance (mis en place par le gouvernement avec une cotisation annuelle de 30 bahts).

Le total du budget de développement prévisionnel de SDK en 2004 est de 2 millions de bahts. En effet, la subvention du gouvernement thaïlandais devrait être reconduite (1 million de bahts), à laquelle s'ajouterait la prime de 1 million de bahts (20 000 euros) d'Alter Eco, selon son engagement contractuel (6,4 bahts par kilo de riz blanc pour 160 tonnes et des services aux membres comme la collecte gratuite du riz).

© Eyrolles Pratique

SDK, des chiffres qui parlent

Le nombre de membres de la coopérative est passé de 142 à 192 en 2003, montrant le fort intérêt que représente celle-ci pour les producteurs. Trente nouveaux candidats se sont présentés pour en faire partie en 2004, aucun membre ne l'ayant quittée en 2003, ni en 2002.

La surface moyenne cultivée par producteur de la coopérative étant de 13 raï (2 hectares), la surface totale de culture dont dispose la coopérative est de 2 500 raï pour 2003 et de 3 000 pour 2004. Seuls trois producteurs possèdent plus de 10 hectares (surface maximum : 12 hectares).

La capacité totale de production des membres de SDK est donc de 1 000 tonnes de paddy, soit l'équivalent de 400 tonnes de riz blanc par an. Sur cette production totale, 30 à 50 % en moyenne est conservé par le producteur pour couvrir ses besoins alimentaires et ceux de sa famille sur l'année. La capacité annuelle de vente de riz blanc de la coopérative SDK était donc de 200 à 280 tonnes en 2003 et sera, *a priori*, de 240 à 340 tonnes en 2004.

Le choix d'un partenaire en conformité avec les exigences du commerce équitable

SDK n'est pas en mesure actuellement d'assurer le conditionnement du produit (en paquets de 500 grammes) et son exportation. Désirant maximiser la valeur ajoutée de la filière dans le pays d'origine du produit, Alter Eco a décidé de faire appel à une entreprise locale pour se charger de ces étapes de préparation des produits.

ESAN est une entreprise privée de droit local thaïlandais, créée en 2001 (en 2543 sur le calendrier thaïlandais). La société est basée à Phakao, dans la province de Loei sur le plateau E San en Thaïlande, à 300 kilomètres de Surin et à 400 kilomètres au nord-est de Bangkok. L'objet de l'entreprise

© Eyrolles Pratique

est l'exploitation et la commercialisation (dont à l'export) de produits agricoles de commerce équitable, en particulier le riz, la canne à sucre et le coton.

La société compte six salariés à temps complet et dix équivalant temps plein pour la transformation et le conditionnement du riz. Tous sont des résidants du village de Banphoem (5 000 habitants).

L'entreprise a développé des liens avec le centre d'expérimentation de Loei et le centre de recherche de Nakhon Sawan, qui dépendent du ministère de l'agriculture thaïlandais, pour les cultures de coton et les autres projets de diversification financés par la prime de développement Alter Eco (cultures de diversification : pousses de bambou, hibiscus rouge...).

L'activité d'ESAN est consacrée à 98 % (en terme de chiffre d'affaires) à l'aide à la transformation, conditionnement et exportation de riz du commerce équitable de la coopérative SDK. L'impact de l'activité d'ESAN est essentiel pour les membres de la coopérative SDK qui ne maîtrisent pas les aspects contrôle qualité du conditionnement, le marketing (packagings et suremballages) et la fonction export. De plus ESAN a une forte capacité d'innovation et de développement de nouveaux produits : riz violet, coton, hibiscus et cœurs de bambou.

À savoir !

ESAN sert d'entité pilote pour l'aide à la diversification des cultures des membres de la coopérative SDK. La complémentarité des deux organisations en fait une filière prometteuse au niveau du potentiel de développement et des retombées importantes pour les paysans de la province de Surin, particulièrement défavorisés.

© Eyrolles Pratique

Le commerce équitable

Détail du coût de revient du riz thaï pour ESAN et comparatif avec le marché conventionnel
(Fair Trade Value Reporting SDK/ESAN 2004)

	Base	Unité	Circuit Alter Eco commerce équitable (euros)	Circuit du commerce classique (euros)
Prix payé au producteur pour le paddy	**Paddy**	**500 g**	**0,104**	**0,073**
Équivalent en riz thaï	Riz thaï	500 g	0,068	0,044
Coût d'écossage et de transformation SOFA	Riz thaï	500 g	0,026	0,026
Prime sociale SOFA	Riz thaï	500 g	0,015	0
Coûts de gestion de la coopérative SOFA	Riz thaï	500 g	0,006	0
Prime Max Havelaar	Riz thaï	500 g	0,022	0
Prime de développement Alter Eco	Riz thaï	500 g	0,030	0
Prix total payé à la coopérative SOFA	Riz thaï	500 g	0,271	0,143
Coût des emballages		500 g	0,153	0,153
Main d'œuvre pour l'emballage		500 g	0,031	0,031
Frais de transports locaux		500 g	0,020	0,020
Frais d'exportation		500 g	0,006	0,006
Frais de contrôle de qualité		500 g	0,009	0,009
Prime pour l'accompagnement de la coopérative SOFA		500 g	0,036	0
Prime sociale ESAN		500 g	0,021	0
Autres frais ESAN		500 g	0,094	0,094
Prime de développement Alter Eco		500 g	0,031	0
Prix total payé à ESAN (départ Bangkok)	**Riz thaï**	**500 g**	**0,672**	**0,456**
Surcoût du commerce équitable/marché classique :			47,2%	

Ce qu'il faut en conclure

SDK a connu un démarrage rapide en terme de vente et d'augmentation du nombre de ses membres. Ceci démontre en soi l'intérêt du projet pour les petits producteurs de la région. Tous sont par-là même engagés dans la transition vers l'agriculture biologique et bénéficient déjà d'un prix supérieur et mieux garanti pour leur riz. Les débouchés sont plus facilement assurés et la commercialisation est plus aisée (collecte du riz auprès de chaque producteur individuel). Ainsi, après deux ans d'existence, on peut

© Eyrolles Pratique

déjà dire que cette organisation apporte une réelle valeur ajoutée pour les petits producteurs de la région de Surin. Celle-ci est triple :

▶ **Économique.** SDK participe au développement économique d'une région dont les revenus dépendent principalement du riz, offrant des produits d'une excellente qualité.

▶ **Sociale.** Ses bénéficiaires sont particulièrement défavorisés et l'organisation SDK leur apporte un soutien technique et financier important.

▶ **Environnementale.** Tous les membres de SDK sont en transition vers l'agriculture biologique assurant une meilleure valorisation du produit et des sols.

Néanmoins, le fonctionnement de l'organisation n'est pas encore complètement satisfaisant. Il va à présent s'agir de renforcer l'organisation, en particulier les moyens de contrôle interne (contrôles de traçabilité, en particulier). En effet, le deuxième principal critère du commerce équitable, en dehors du prix supérieur garanti au producteur, est le renforcement de son organisation. Que celle-ci devienne autonome, diversifie ses débouchés, ses ressources, que les procédures de gestion de la coopérative soient formalisées, respectées de tous et qu'ainsi, elle devienne un véritable outil de développement au service des producteurs. Elle devra pouvoir démontrer que l'activité économique la renforce, qu'elle fonctionne de manière participative, démocratique, ouverte à de nouveaux membres et de nouveaux défis, en termes de production et d'aide à la commercialisation des produits des producteurs les plus défavorisés de la région.

Étudions à présent une filière plus ancienne et déjà bien rodée...

© Eyrolles Pratique

Alter Trade, groupement de producteurs de canne à sucre aux Philippines

Son environnement : les îles de Negros aux Philippines et la réforme agraire

Situation géographique d'Alter Trade
dans l'île de Negros aux Philippines

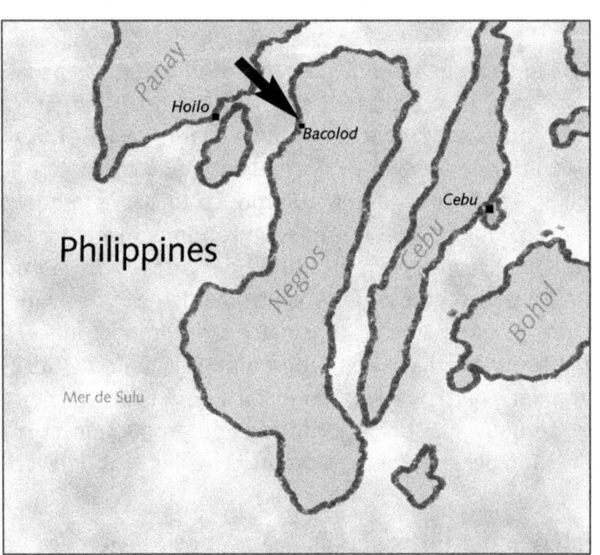

À savoir !

Alors que la plupart des terres aux Philippines appartenaient à une poignée de très gros propriétaires, le pays connut, à partir du milieu des années 1980, une large réforme agraire destinée à redistribuer ces terres à une plus large partie de la population.

Sur l'île de Negros, la surface agricole concernée par la réforme agraire avoisine les 243 789 hectares. À ce jour, près de 176 141 hectares ont été distribués à plus de 88 751 bénéficiaires. La canne à sucre représente 85 %

© Eyrolles Pratique

de la surface cultivée de l'île et 70 % de ses revenus, faisant vivre, ou plutôt survivre, plus de 330 000 ouvriers agricoles. Les bénéficiaires de la réforme agraire sont principalement d'anciens travailleurs des plantations qui ne disposaient jusqu'alors d'aucunes ressources, si ce n'est le maigre salaire (1 dollar par jour en moyenne) perçu pour la coupe de la canne à sucre.

Néanmoins, recevoir un bout de terre n'est pas un aboutissement en soi pour ces travailleurs qui ne disposent d'aucun capital pour commencer à le valoriser, ni d'aucune connaissance, autre que celle de la coupe de la canne à sucre. Ainsi, sans soutien technique et préfinancement des récoltes, la réforme se solde dans la majorité des cas par un échec. Déjà plus de 65 % des terres concernées par la réforme agraire ont été relouées par les grands propriétaires fonciers, les petits producteurs se sentant incapables de développer des ressources agricoles par eux-mêmes, étant donné la faiblesse de leurs moyens et de leurs connaissances. Les bénéficiaires se retrouvent dans la même situation de précarité qu'avant la réforme agraire, voire dans une situation pire, le gros exploitant louant la terre du bénéficiaire pour une misère.

Le rôle du groupe Alter Trade, acteur modèle du commerce équitable

Le groupe Alter Trade a pour objectif de venir en aide à ces petits producteurs bénéficiaires de la réforme agraire par des aides à différents niveaux :

▶ **L'aide au regroupement des bénéficiaires**, en les encourageant à cultiver leurs terres de manière communautaire et ainsi gagner en productivité ;

▶ **L'aide à la diversification des cultures**, une partie de la terre étant dédiée à la canne à sucre, le reste au développement de cultures vivrières. Pour ce faire, Alter Trade apporte un soutien technique à ces producteurs habitués à la monoculture de la canne à sucre ;

▶ **La formation à la gestion** d'une petite exploitation agricole (planification des cultures, calcul des coûts de production, intensification des cultures et diversification, transition à l'agriculture biologique). C'est un volet essentiel pour les bénéficiaires ;

© Eyrolles Pratique

▶ **La formation et aide à l'implication des femmes dans le suivi des cultures vivrières.** Dans le système des plantations, le rôle des hommes est prépondérant mais le passage à la petite exploitation individuelle requiert l'implication des femmes qui ont du temps à consacrer aux cultures vivrières situées aux abords du domicile familial et à la gestion de l'exploitation. Les hommes se concentrent généralement sur la culture communautaire de canne à sucre (travail plus physique et bien maîtrisé par les hommes) ;

▶ **L'aide à l'amélioration des accès routiers et des chemins utilisés pour le transport de la canne à sucre,** accompagnée du développement d'un système de collecte par camion, gratuit, de la canne à sucre chez chacun des groupes de producteurs.

▶ **L'octroi de crédits de préfinancement des récoltes et de prêts pour financer l'installation des producteurs,** ainsi que des équipements facilitant la récolte du produit, améliorant sa qualité et le suivi de la traçabilité.

▶ **La sensibilisation des bénéficiaires aux bienfaits de l'agriculture biologique** en terme de santé pour les producteurs et leur environnement et de valorisation du produit et des sols.

▶ **L'aide à la commercialisation et à l'exportation du sucre de canne** des groupes de petits producteurs, en se chargeant de la transformation du produit, de son conditionnement et des relations commerciales avec les différents acheteurs du commerce équitable européens.

À savoir !

Le groupe Alter Trade dispose de sa propre unité de transformation de la canne à sucre en sucre, selon un procédé traditionnel de fabrication qui assure une qualité de produit particulièrement élevée et adaptée aux demandes des clients étrangers.

La sucrerie d'Alter Trade se charge de la transformation de l'ensemble de la canne produite par 26 organisations de producteurs réparties sur l'île de Negros, comptant un total de 750 membres pour 670 hectares de surface agricole cultivée, soit une moyenne de 0,89 hectare par producteur. Toutes sont se sont volontairement rattachées au groupe Alter Trade qui leur apporte l'en-

© Eyrolles Pratique

3. Les producteurs

semble des aides mentionnées ci-dessus et leur assure des débouchés à des conditions avantageuses pour l'ensemble de leur production.

EXEMPLE

Des revenus multipliés par deux : l'exemple de NAFWA, l'un des 26 groupes de producteurs rattachés à Alter Trade

Créée en 1985 sous forme de syndicat ouvrier, NAFWA, qui compte 35 membres, a reçu 45 hectares de terres en 1989 par le gouvernement dans le cadre de la réforme agraire, 7 hectares ayant été regroupés et constituant le champs communautaire où la canne à sucre est cultivée. Le groupe est géré par un comité de sept administrateurs, élu tous les trois ans par l'ensemble des membres. Toutes les décisions du groupe sont prises de manière communautaire, lors des réunions mensuelles du comité ou dans le cadre des assemblées régulières réunissant l'ensemble des producteurs du groupe.

Le revenu de ses membres est passé de 35 pesos (0,5 euros) par jour de salaire moyen sur les plantations comme ouvrier à 150 pesos (2,2 euros) dans le cadre de leurs travaux communautaires au sein du groupe NAFWA, grâce à leur meilleure maîtrise de la filière et l'aide d'Alter Trade ; sans parler des revenus non monétaires générés par leurs cultures vivrières gérées de manière individuelle sur les 38 hectares restants, soit 1 hectare par producteur en moyenne.

Le travail communautaire rapporte en moyenne 7 000 pesos par an aux producteurs (100 euros) pour 3 jours de travail par semaine (moyenne du nombre de jours travaillés sur les champs communautaires), auxquels il faut ajouter les revenus nets des autres cultures (terres individuelles, revenus monétaires et valorisés), soit 13 500 pesos. Leur revenu total est donc à présent de 20 700 pesos, soit 313 euros par an par membre de la communauté.

Le revenu net total de NAFWA est de 130 000 pesos sur lequel 5 % sont alloués à la formation des membres à l'agriculture biologique et à la diversification des cultures, 6 % au renforcement du capital du groupe, 3 % à la scolarisation des enfants des membres du groupe, 3 % au financement d'un fond de prévoyance et environ 17 % aux investissements en outils de production communautaires, soit 36 euros de dividendes par an et par membre de la communauté dont le revenu total net par an est donc de 350 euros à comparer aux 162 euros de salaire annuel maximum que le producteur pouvait percevoir en tant qu'ouvrier à l'époque des plantations.

© Eyrolles Pratique

Le commerce équitable

Sur le marché local, le prix de la canne à sucre varie beaucoup, le prix moyen étant de 500 pesos par tonne de canne à sucre (hors frais de transport). Alter Trade garantit un prix minimum de 750 pesos, soit un prix supérieur de 30 % à la moyenne du marché. Voici la découpe complète du prix le long de la filière.

Détail du coût de revient du sucre pour Alter Trade et comparatif avec le marché conventionnel
(Fair Trade Value Reporting SDK/ESAN 2004)

FTVR	Base	Unité	Circuit du commerce équitable (euros)	Circuit du commerce classique (euros)
Prix payé au producteur (canne à sucre)	**Canne à sucre**	**500 g**	**0,071**	**0,047**
Prime pour les groupes de producteurs			0,01	0
Prime pour la fondation ATG(coordination, suivi, financement de projets, etc.	Sucre de canne	500 g	0,17	0
Coûts de transport	Sucre de canne	500 g	0,02	0,02
Coûts de transformation	Sucre de canne	500 g	0,21	0,18
Coût total transformé	Sucre de canne	500 g	0,48	0,25
Prix de l'emballage	Sucre de canne	500 g	0,09	0,09
Coûts de transport	Sucre de canne	500 g	0,02	0,02
Coûts de certification et contrôle qualité	Sucre de canne	500 g	0,04	0,04
Prix total départ de Manille	**Sucre de canne**	**500 g**	**0,63**	**0,40**
Surcoût du commerce équitable/marché classique :			57,7%	

(colonne de gauche : ALTER TRADE)

Une étude comparée qui mesure le chemin à parcourir

Les audits FTA 200 pratiqués en janvier 2004 pour la filière Alter Trade aux Philippines et pour la filière SDK/ESAN en Thaïlande rendent compte des forces et enjeux de leur développement

© Eyrolles Pratique">

Les rubriques de l'audit FTA 200

Le calcul des points de cette méthodologie se nomme FTA 200 car le total des points est sur 200, l'évaluation se faisant sur 150 critères, 50 critères d'exigence notés sur 2 points chacun, et 100 critères de progrès notés sur 1 point, soit un total de 200 points.

- **Économique.** Notation sur un total de 80 points, soit 40 % du total avec 21 critères d'exigence (42 points) et 38 critères de progrès (38 points).

  Sous-rubriques : *Rentabilité* (compétitivité, maîtrise des coûts) ; *Qualité* (qualité des produits, procédures de contrôle et de suivi) ; *Prix* (prix des produits et rapport qualité/prix, possibilité d'exportation) ; *Logistique* (maîtrise de l'envoi, expérience, volumes traités).

- **Social.** Notation sur un total de 100 points, soit 50 % du total avec 24 critères d'exigence (48 points) et 52 critères de progrès (52 points).

  Sous-rubriques : *Social* (conditions de production et de rémunération, indemnisations) ; *Bénéficiaires* (importance et urgence des besoins des bénéficiaires) ; *Projet social* (ampleur et niveau de financement du projet social) ; *Pérennité* (capacité de développement et de diversification) ; *Transparence* (information disponible et mise à disposition).

- **Environnemental.** Notation sur 20 points, soit 10 % du total, sans critère d'exigence. La partie environnementale a trait au niveau de conscience, au respect et à la protection de l'environnement, au niveau des intrants, du mode de production (consommation, rejets...) et de la gestion des déchets.

© Eyrolles Pratique

Le commerce équitable

Résultats de la dernière évaluation FTA 200 réalisée en janvier 2004 pour la filière Alter Trade aux Philippines

Rentabilité, stabilité : 1	9,51
Qualité : 2	7,50
Prix : 3	9,77
Logistique : 4	8,75
Social : 1	8,43
Bénéficiaires : 2	10,00
Projet social : 3	9,64
Pérennité : 4	8,50
Transparence : 5	10,00
Total environnemental	9,5
Total FTA 200	**183,21**

Le groupe Alter Trade est un modèle pour le commerce équitable, la filière est mature et montre bien toute la valeur ajoutée qui peut être apportée aux groupes de producteurs une fois la filière bien mise en place.

La filière reçoit la note globale de 183 points sur 200 (parmi les meilleures notes données aux filières avec lesquelles Alter Eco travaille), montrant qu'elle est déjà bien organisée, les groupes de producteurs étant structurés et renforcés avec un soutien efficace et optimisé du groupe Alter Trade :

▶ La plus basse note de 7,5/10 pour la qualité s'explique par le manque de formalisme dans les procédures de contrôle qualité. Néanmoins, Alter Trade a le projet de faire certifier ISO 9000 son unité de transformation en 2004, et la note de la filière devrait donc augmenter une fois ces procédures de contrôle systématiques mises en place.

▶ Les notes maximums obtenues sur la transparence et l'aide apportée aux bénéficiaires placent la filière sucre Alter Trade comme un modèle de commerce équitable dans le cadre de l'aide apportée à ces producteurs particulièrement défavorisés.

© Eyrolles Pratique

3. Les producteurs

▶ Les notes de 9,5/10 obtenues pour la rentabilité et la stabilité de la filière sont le résultat d'une approche résolument tournée vers la profitabilité et le développement durable de la filière.

▶ Les aspects environnementaux de la culture et de la transformation sont eux aussi très bien maîtrisés.

La scolarisation des enfants selon les résultats de l'audit FTA 200

Les plantations de canne à sucre aux Philippines ont beaucoup recours au travail des enfants (âgés de 8 à 12 ans). Les actions d'ATG sont déterminantes au niveau des organisations de producteurs et tous sont conscients du problème de la scolarisation des enfants. Le taux de scolarisation à fortement augmenté : de 25 % à 100 % dans le groupe DAFWU et certains enfants de bénéficiaires poursuivent leur scolarisation jusqu'à l'université. Les jeunes travailleurs (âge minimum de 15 ans, selon les standards du BIT) participent uniquement au travail en période de vacances et leur revenu est versé dans un fond pour leur scolarisation. Entre 15 et 18 ans, les jeunes travailleurs se préoccupent principalement de désherber manuellement les champs. Selon les membres des organisations de producteurs, ceci est une preuve de changement des mentalités et une ouverture d'accès à un niveau d'éducation plus élevé qui entraînera à terme une augmentation des salaires.

À titre de comparaison, voici les résultats obtenus pour la filière SDK/ESAN en Thaïlande, plus récemment développée et donc confrontée à un plus grand nombre de critères qui restent à maîtriser.

Le commerce équitable

Résultats de l'évaluation FTA 200 réalisée en janvier 2004
pour la filière SDK/ESAN en Thaïlande

Rentabilité, stabilité : 1	5,28
Qualité : 2	5,29
Prix : 3	5,45
Logistique : 4	8,13
Social : 1	4,96
Bénéficiaires : 2	7,50
Projet social : 3	7,14
Pérennité : 4	6,50
Transparence : 5	5,94
Total environnemental	8,75
Total FTA 200	**129,88**

Un gros besoin de formation se fait ainsi sentir pour les membres de SDK afin qu'ils soient en mesure de mieux s'organiser et de mieux maîtriser les enjeux économiques, sociaux et environnementaux de développement de la filière.

Le FTA 200 de la filière SDK/ESAN fait apparaître un résultat de 129 points, ce qui est largement inférieur à la filière Alter Trade, par exemple :

▶ **Aspects économiques.** SDK a de bonnes capacités de vente mais les débouchés ne sont pas assez diversifiés (Alter Eco représente 90 % de ses ventes). La maîtrise logistique est bonne, avec de bonnes capacités d'augmentation des volumes mais l'enjeu majeur est le manque de formalisme et de procédures de gestion et de contrôle interne de SDK.

▶ **Aspects sociaux.** L'aide apportée par la coopérative SDK est particulièrement adaptée aux besoins des petits producteurs. Le prix qui leur est payé est supérieur (de 1 baht/kilo de paddy) au marché local et suit les règles FLO (même si la prime n'est pas tracée dans les comptes, elle est investie dans des projets collectifs) et les subventions du gouvernement thaïlandais et d'Alter Eco sont bien utilisées dans le bon sens : préfinancement, caisse d'achat du riz, aide à la transition bio, formations, aménagement des champs…

© Eyrolles Pratique

▶ **Aspects environnementaux.** C'est la partie la mieux maîtrisée par SDK, les aspects environnementaux étant bien gérés, bien compris. La transition au bio est un véritable succès et l'encouragement des autorités locales pour inciter l'ensemble des producteurs à la transition va dans le bon sens.

Les notes des filières Alter Eco suivant la méthodologie FTA 200 sont toutes comprises entre 129 et 183 à ce jour. La filière thaïlandaise illustre donc bien le niveau de performance d'une filière « en démarrage » et Alter Trade celle d'une filière déjà « mature ».

Voici maintenant des témoignages sur d'autres filières pour illustrer les multiples enjeux de leur développement sur le terrain.

Les témoignages de quelques acteurs du commerce équitable

Le café de la coopérative COCLA au Pérou

Par Carole Piette, Alter Eco

La réforme agraire ne permettra pas aux paysans péruviens d'améliorer leurs conditions de vie. Certains d'entre eux s'uniront alors pour commercialiser leur café et en tirer une plus juste rétribution.

Dans les années soixante, la première réforme agraire du gouvernement péruvien abolit le système des haciendas et permet aux petits producteurs qui avaient toujours travaillé pour le compte des *dueños* (propriétaires terriens) d'accéder à la propriété. Ceux-ci se retrouvent rapidement confrontés au problème de la commercialisation du café car ils sont soumis au bon vouloir d'acheteurs locaux qui profitent de leur manque d'accès à l'information. Ainsi, bien qu'ils soient désormais maître de leurs terres, les conditions de vie des paysans ne s'améliorent pas. Face à ce constat, certains décident de s'unir et c'est ainsi que naît COCLA.

© Eyrolles Pratique

Le commerce équitable

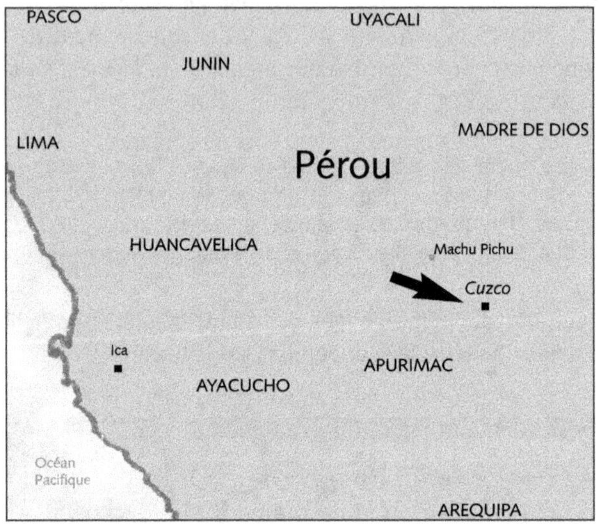

Au départ, le rôle de cette centrale de sept coopératives s'étend de la collecte du café à sa commercialisation. Puis, son champ d'action s'élargit (négociation avec des caisses d'épargne pour obtenir le financement des récoltes à des taux faibles, formation technique des producteurs, participation à la création d'un organisme de micro-crédit, etc.). Aujourd'hui, COCLA travaille au service de 7 500 producteurs appartenant à 26 coopératives de la province de La Convencion. Vu de l'extérieur, COCLA est une entreprise florissante. Sur le terrain, et pour reprendre les termes du gérant principal de la production, Raul Del Aguila, COCLA permet juste à ses membres de « mieux survivre ». Ce n'est pas seulement en écoulant toute la production de café que COCLA permet cette survie, c'est en cherchant sans cesse de nouveaux débouchés à partir de ce que les producteurs ont à offrir. Par exemple, des ingénieurs de COCLA ont élaboré une formule d'aliments destinés aux animaux à partir de matières premières achetées aux membres de la coopérative (maïs, pépins de mangues...).

En effet, le marché du café seul ne permet pas aux producteurs de bien vivre actuellement. En 2003, le cours du quintal de café était environ de 60 US$, alors que le coût de revient est de 84 US$pour le producteur et de

© Eyrolles Pratique

99 US$ pour la coopérative qui inclut les frais logistiques et de commercialisation. L'exportation du café est néanmoins la plus grosse activité de COCLA. Dans ce cadre, avec un prix d'achat de 128 US$, le commerce équitable est une véritable alternative. Il couvre les coûts de production et contribue au financement de projets sociaux et environnementaux. COCLA a commencé à commercialiser un peu de café au prix équitable fixé par FLO au début des années quatre-vingt-dix. En 2003, le commerce équitable a représenté 15 % du chiffre d'affaires de COCLA.

COCLA achète le café au producteur au cours de la Bourse de New York. Puis, en fin d'année, une fois le compte d'exploitation terminé et approuvé par les producteurs élus au conseil d'administration et au conseil de vigilance, le surplus généré par ces 15 % est redistribué à 100 % des producteurs en fonction des volumes récoltés par chacun d'entre eux. La prime est reversée aux 26 coopératives selon cette même logique.

L'utilisation de la prime versée au producteur dans le cadre du commerce équitable

Les coopératives décident de l'emploi de la prime en assemblée générale. Au niveau individuel, l'impact demeure encore limité. Le surplus permet au petit producteur de payer les denrées alimentaires achetées à crédit ou d'effectuer quelques travaux de rénovation. Au niveau des coopératives, la prime contribue le plus souvent à alimenter le fonds de protection sociale pour les dépenses de santé imprévues et à acheter du matériel agricole.

COCLA place la prime qui lui revient sur un fonds solidaire qui a permis de mettre en place un programme de santé depuis 2001. L'idée est de former plusieurs producteurs élus dans chaque coopérative (premiers soins, prévention, maladies sexuellement transmissibles...) pendant plusieurs mois afin qu'ils soient par la suite en mesure de former d'autres producteurs. Le même mode de transmission de savoir est appliqué pour la formation technique dispensée par des ingénieurs également en charge du contrôle de qualité interne. Le surplus du commerce équitable permet aussi de financer les projets de diversification des cultures.

© Eyrolles Pratique

Le commerce équitable

En outre, le commerce équitable a un impact qui ne peut pas être quantifié. Il s'agit de la motivation des producteurs et de leur volonté d'améliorer sans cesse la qualité de leur café. Le nombre de producteurs inscrits aux formations sur les techniques agricoles est en constante augmentation et, quotidiennement, des échantillons de chaque container sont testés à Lima afin de réserver les meilleures sélections aux acheteurs du commerce équitable.

Quand COCLA pourra-t-elle vendre 50 % de sa production au prix équitable ? Tout dépend des consommateurs.

La croissance actuelle de la consommation de produits du commerce équitable dans nos pays me laisse espérer un potentiel de développement important à l'export. Mais les coopératives devront également développer leurs circuits de distribution en exploitant notamment les opportunités locales et en diversifiant leur production. Avec les quelques centaines de grammes de café consommées annuellement par les Péruviens, on ne peut qu'espérer une croissance du marché local. Le commerce équitable ne deviendra peut être pas la forme de commerce dominante, mais il apparaît comme une solution. C'est un début et je ne vois pas de meilleur projet personnel que d'y contribuer.

Le thé des plantations TPI en Inde

Par Lætitia Latreille, Alter Eco

Il est très difficile pour le gouvernement de vérifier l'application des obligations légales par les sociétés privées en matière d'industrie du thé. Néanmoins, les études menées ont montré qu'un certain nombre d'entre elles ne respectaient pas tous les devoirs qui leur incombaient, notamment au niveau des avantages complémentaires à leurs salariés.

La région de Darjeeling est située le long de la chaîne nord-est de l'Himalaya. La plantation de Selimbong, créée en 1860 par un capitaine anglais, W.L.S. Baily, est l'une des plus anciennes de la région. Elle s'étend sur près de 160 ha, à une altitude entre 1 100 m et 1 700 m, le Mont Everest en arrière plan. Jusqu'en 1994, la plantation de Selimbong était gérée par

© Eyrolles Pratique

une société privée qui se contentait de remplir (partiellement) les obligations légales fixées dans le *Plantations Labour Act.*

Situation géographique des plantations TPI en Inde

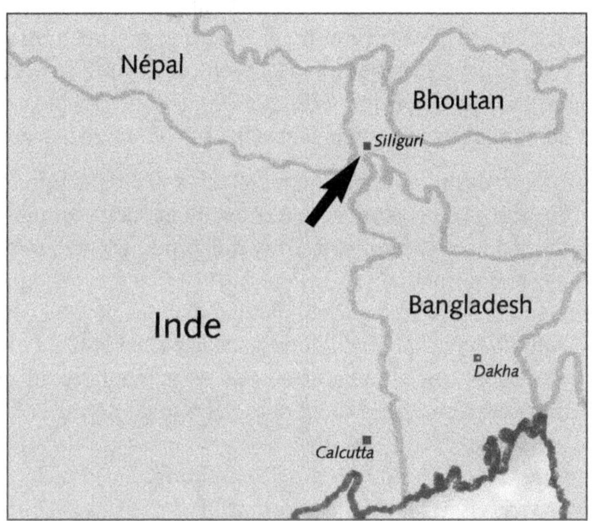

Le *Plantations Labour Act*

Cette loi, datant de 1954, est une des spécificités de l'industrie du thé dans la région de Darjeeling en Inde car elle dicte un certain nombre d'obligations légales pour les plantations dans le but de garantir des conditions de travail et de rémunération minimales aux employés (en réaction aux conditions de travail des employés de ces mêmes plantations sous contrôle anglais).

Le PLA fixe le niveau de rémunération de toutes les catégories d'employés dans les plantations ainsi que les divers avantages dont ils doivent bénéficier : équipements de protection et outils de travail tels que paniers, chaussures et habits de protection, parapluie etc. ; bois de chauffage et rations alimentaires ou équivalent en *rupees* ; ration de thé mensuelle ; travaux de réparation des logements des salariés pris en charge par la plantation ; cotisations au régime de retraite ; prise en charge de soins médicaux et mise à disposition d'un local et de personnel médical ; crèche, etc.

© Eyrolles Pratique

Le commerce équitable

En 1994, la société privée gérante de la plantation, connaissant des difficultés managériales et financières, décide de vendre. C'est ainsi que Tea Promoters India (TPI) rachète Selimbong Tea Garden et crée Selimbong Tea Company Ltd. TPI commence par réorganiser le fonctionnement de la plantation et régulariser la situation quant aux avantages dont doivent bénéficier les salariés. Une sage-femme et un pharmacien sont recrutés, des médicaments de base sont achetés et un local médical est aménagé. Les travaux de réparation pour les logements du personnel sont recensés et pris en charge à la demande (les salariés logent dans l'enceinte de la plantation).

La transformation des feuilles de thé récoltées a lieu dans une usine dont la plantation est propriétaire et où travaillent une cinquantaine de personnes de manière permanente. Le thé produit par Selimbong est ensuite envoyé chaque semaine au siège de TPI à Calcutta. Chaque production est répertoriée, testée et goûtée par le président de TPI et son équipe d'experts. La qualité de chacune d'entre elles est ainsi notée. Comme pour le vin, les mélanges sont ensuite effectués pour répondre au mieux aux exigences des clients en terme de qualité. Une fois approuvé, le mélange est ensuite envoyé au client. Dès 1996, TPI organise la certification agriculture biologique pour la production de Selimbong. En 1997, la plantation est, de plus, certifiée par Demeter International pour l'agriculture biodynamique. TPI organise enfin la certification commerce équitable selon les critères internationaux de FLO en 1998.

En application des règles du commerce équitable, Selimbong a crée un comité mixte, regroupant des représentants de toutes les catégories d'employés, chargé de gérer cette prime et de décider en commun de son utilisation. Jusqu'à présent, ces fonds ont été utilisés à des fins d'amélioration des conditions de vie des travailleurs (autocuiseurs, amélioration des connections au réseau gazier local, etc.). Actuellement, le comité réfléchit à un grand projet d'amélioration du réseau de distribution d'eau et d'amélioration de la qualité de l'eau (station de traitement, construction de réservoirs pour pallier le manque d'eau pendant la saison sèche, etc.). Entre 2001 et mi 2003, Selimbong a ainsi reçu et utilisé près de 17 000 euros de prime pour le financement de ces projets de développement dont une partie sera utilisée pour le « projet eau ». Par ailleurs, Selimbong a créé de sa propre initiative un fonds communautaire à but social (décès, maladie, mariage, etc.).

© Eyrolles Pratique

3. Les producteurs

Quatre cent quatre-vingt-quatorze personnes travaillent de manière permanente sur la plantation, dont 54 % de femmes. Les employés de Selimbong viennent des huit villages situés sur le site même de la plantation et y travaillent pour depuis toujours (avant la reprise de la plantation en 1994 par TPI). Près de 2 000 personnes vivent ainsi sur le domaine. Les employés travaillant à la cueillette du thé sur la plantation reçoivent un salaire hebdomadaire fixé par le PLA. Les marges de manœuvres pour la direction de la plantation sont assez faibles concernant la rétribution directe de ses salariés. D'une certaine manière, ce n'est pas là l'essentiel. Les salariés reçoivent certes un salaire décent et de nombreux avantages en nature prodigués par la plantation. Mais l'important est qu'ils sont de plus en plus associés à sa gestion et à son devenir. Cette participation (ou *empowerment*, terme consacré dans les projets de développement), est l'un des aspects qualitatifs du commerce équitable, essentiels et tout aussi importants que ses impacts strictement quantitatifs.

Rien de cela n'aurait été possible sans l'implication de TPI, une société familiale qui a décidé de se mettre au service des salariés de ses plantations et de développer des coopératives de producteurs de thé dans le Darjeeling, contre l'avis de tous les professionnels du thé qui ne jurent que par le système des plantations. Aujourd'hui, TPI possède six plantations de thé, toutes certifiées pour l'agriculture biologique (dont les bienfaits sur la santé des travailleurs sont indéniables) et le commerce équitable, et soutient une coopérative de petits producteurs de thé attenant à la plantation de Selimbong. Un salarié de TPI travaille et conseille en permanence les producteurs de cette nouvelle coopérative. Des projets similaires sont en préparation dans des plantations abandonnées depuis des années par le gouvernement indien. Nous ne pouvons que souhaiter à TPI de continuer dans cette voie et souhaiter que d'autres suivent ce bel exemple.

Les bracelets de l'association Tèbeniketè au Bénin

Par Philippe des Francs, Boutic Ethic

Il y a 15 ans, l'artisanat des bracelets Somba était en voie de disparition. La coopérative Tèbeniketè, créée alors, a su *in extremis* redonner vigueur à cette tradition. Depuis, 600 femmes sont devenues pour leur région un véritable moteur de développement.

© Eyrolles Pratique

Les Bétamaribé

C'est ainsi que se nomment les habitants de cette région de savane dominée par les massifs montagneux de l'Atacora, à cheval sur le Bénin et le Togo. Venus de l'ouest ou du nord ouest, ils ont toujours été réfractaires aux systèmes politiques centralisés et à l'asservissement tant des royaumes africains de cette partie du continent qu'à l'administration coloniale. Cette population est attachée à l'équité et elle se caractérise par une forte cohésion sociale. L'esprit communautaire y reste primordial et c'est ainsi que tout le paysage est façonné de manière à respecter les croyances, les volontés d'indépendance, d'équilibre et d'unité de la communauté. Le village est toujours construit suivant les règles du modèle initial, le village mythique de Linaba fondé par Kuiye, le dieu créateur. Mais les habitations y sont dispersées, chaque *tata* étant au-delà d'une portée de flèche du suivant, l'ensemble toujours proche d'un point d'eau mais souvent sur des flancs de colline afin de libérer un maximum de terres cultivables.

Situation géographique de l'association Tèbeniketè au Bénin

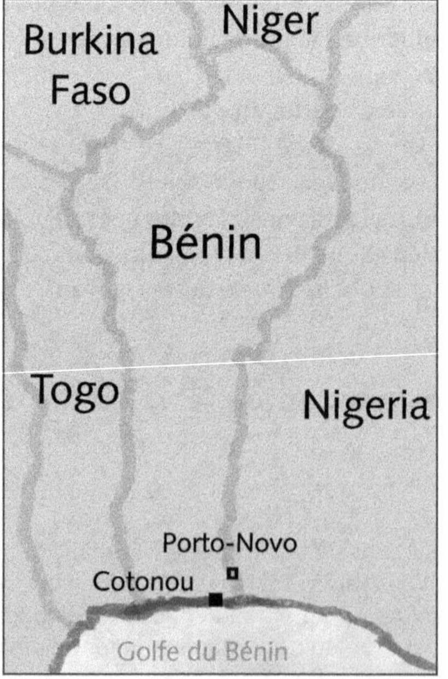

© Eyrolles Pratique

3. Les producteurs

Nous sommes en 2003. Le mois de mai ne semble pas être la meilleure saison pour se rendre dans l'extrême nord du Bénin, en tout cas pas pour le voyageur sensible aux températures extrêmes. Pourtant cette saison chaude a l'avantage d'être sèche ce qui éloigne pour un temps les insectes mais surtout facilite grandement les déplacements. Les routes, telles que nous les concevons, sont rares, voire inexistantes. C'est donc en suivant de minuscules sentiers, plus adaptés au marcheur qu'à notre véhicule fatigué que nous arrivons finalement au village de notre ami Victor, responsable de l'association. Peu d'activités en cette saison où les travaux agricoles n'ont pas encore débutés, néanmoins quelques femmes, tout en discutant sur le pas de leur porte, tressent une herbe séchée aux beaux reflets or.

Tout comme des espèces animales ou végétales disparaissent chaque jour sur notre fragile planète, des techniques artisanales sont parfois victimes de ce que nous pourrions appeler une certaine évolution. La coopérative Tèbenikètè s'est créée pour y remédier et a su *in extremis* redonner vigueur à leur tradition. Grâce à quelques réseaux de commerce équitable européens, elle a pu lentement développer ses ventes et, aujourd'hui, quelque 600 femmes sont devenues un véritable moteur de développement pour leur région. Si deux tiers du prix de vente des bijoux leur est versé directement, le reste est investi dans une caisse commune qui servira au financement de ressources communautaires : entretien de routes, réparation de ponts, alphabétisation, formation artisanale et scolaire, achat de moulins à maïs villageois...

Le secret du tressage des bracelets Somba

Le tressage des bracelets s'effectue à partir d'une herbe appelée *patempaké*, dont je ne réussirai pas à trouver la traduction française. Celle ci est récoltée après la saison des pluies et peut atteindre une hauteur de plus d'un mètre, mais seul le cœur des tiges sur quelques centimètres en dessous de la fleur est utilisable pour fabriquer les bijoux. Les tiges sont ensuite triées selon leur grosseur, puis tressées par huit, un travail délicat et difficile car aucune tige ne doit se casser, un travail long et minutieux, entièrement fait à la main.

© Eyrolles Pratique

Le commerce équitable

En ce qui concerne les couleurs, le rouge provient d'une plante qui est bouillie, dans laquelle les tiges sont plongées ; le noir exige beaucoup plus de travail : l'herbe est d'abord mélangée à de la potasse et ensuite séchée, elle est alors bouillie avec des graines noires jusqu'à ce qu'elle prenne une couleur violette, puis elle est enterrée dans la boue de la rivière, nettoyée et bouillie à nouveau. On m'a cependant avoué que des teintes chimiques étaient parfois utilisées afin de proposer un plus grand choix de couleurs aux clients de Tèbenikètè.

Les couleurs traditionnelles ont leur signification, le rouge pour les rites d'initiation, le naturel pour les mères de garçons ou de filles, le mélange noir naturel pour les mères de garçons et de filles, le noir pour les femmes sans enfants.

Bernadette, bijoutière à Tédonté

Bernadette vit à 5, 6 heures de marche de Natitingou. Elle a une quarantaine d'années ; ses deux fils sont adultes. Les femmes de son village, Tédonté, l'apprécient beaucoup et lui ont confié le mandat de les représenter au sein de Tèbenikètè ; grâce à ses compétences, les hommes lui demandent également conseil.

Depuis qu'elle fait partie de Tèbenikètè, sa situation s'est améliorée. Elle a pu remplacer les cruches et pots en terre par des bassines en émail et des casseroles en aluminium bien moins lourdes. Et, du coup, la corvée de l'eau, la production du tchouc, la bière de sorgho, et la préparation des repas ne lui pèsent plus autant. En outre, elle dispose maintenant d'un peu d'argent pour acheter du pétrole ou des médicaments. Vivant toute seule, sans mari, elle dépend de l'aide des membres de sa grande famille ou de ses voisins pour toute une série de travaux plus lourds (maçonnerie, réparation du toit, labour des champs à l'aide de la daba...). L'argent des ventes à Tèbenikètè lui permet de leur offrir, en guise de remerciement, un repas bien fourni en viande et en tchouc...

Toutefois, elle est bien consciente que Tèbenikètè ne lui procure pas seulement des avantages financiers. Elle a appris toute seule, comme les autres femmes, à développer de nouveaux modèles et dessins, et elle connaît aujourd'hui leur prix. Elle s'est aussi rendu compte de la richesse de sa culture et de l'urgence de la sauvegarder et de la revaloriser, après que les autorités coloniales ainsi que les missionnaires protestants et catholiques ont tant fait pour la détruire.

© Eyrolles Pratique

Autour des poignets, des bras et des chevilles, elle porte des bracelets comme ceux qu'elle vend ; traditionnellement, ces bracelets constituent plutôt la parure des jeunes hommes, surtout à l'époque des rites d'initiation. Elle n'a plus l'habitude de nouer de longues cordelettes autour du front, des épaules et des hanches comme les anciennes continuent à le faire ; elle aimerait bien porter des colliers comme elle en fait pour Tèbeniketè, mais les accessoires, surtout les fermetures en métal, coûtent trop cher et elle n'a pas encore appris à en faire avec les moyens du bord…

Tèbeniketè et le commerce équitable

Tèbeniketè est une structure fondée par Barbara Gugel, ex-volontaire de la GTZ, originaire d'Allemagne, qui s'est établie dans la région en 1975. Après sa disparition en 2000, c'est son fils Victor qui a pris le relais.

Tèbeniketè travaille à 80 % avec des réseaux de commerce équitable en Allemagne, Italie et France. Réfractaire jusqu'alors à l'idée de faire partie d'une structure de garantie internationale tel que l'IFAT pour une raison de coût, elle projette cette adhésion (sous la pression de certain de ses clients CE) pour l'année 2004.

Tèbeniketè n'a donc jamais été auditée, si ce n'est de façon purement informelle par ses propres clients (en général, trois visites par an). Les comptes de l'association sont disponibles mais non authentifiés par un cabinet indépendant.

Les prix d'achat sont fixés selon la qualité du travail : un bracelet peut être acheté par l'association le double de son prix initial si le travail est parfais (10 % des cas), ce qui a le mérite de créer une émulation saine. Ainsi la qualité du travail est-elle en amélioration constante malgré la venue au sein du groupe de nouvelles tresseuses. En outre le prix d'achat moyen des bracelets est supérieur de 30 % à celui proposé par d'autres intermédiaires classiques.

Pour conclure, si travailler avec Tèbeniketè est avant tout une aventure humaine, c'est aussi un succès commercial, nos commandes augmentant chaque année de 40 %, et ce depuis 5 ans. Notre dilemme, qui est surtout une constatation sur l'évolution du commerce équitable, est que

© Eyrolles Pratique

Tèbenikètè aujourd'hui se retrouve contraint d'adhérer à une structure telle que l'IFAT si elle veut garder ses clients du commerce équitable, les relations basées sur la confiance mutuelle (qui étaient la norme jusqu'alors) ne suffisant plus devant la pression du consommateur.

L'huile de massage des producteurs de la communauté de Maguari en Amazonie brésilienne

Par Isabelle Trunkowski et Jérémie Deravin, commercequitable.com

À savoir ! La devise de commercequitable.com : « L'Homme et la Nature au cœur des préoccupations. »

En juillet 2001, nous foulions pour la première fois le sol brésilien, nos pas nous guidant vers la communauté de Maguari qui vit sur une parcelle de forêt à proximité de Santarem, petite ville témoin de la majestueuse rencontre des fleuves Amazone et Tapajos aux reflets bleu roi. Située en pleine jungle, cette communauté, comptant 13 familles, avait mis au point un projet de confection de sacs en lait d'hévéa (cuir végétal) mais était confrontée à de graves problèmes de commercialisation et d'impayés.

Situation géographique de la communauté
de Maguari au Brésil

© Eyrolles Pratique

3. Les producteurs

Après un temps d'échange avec les sages du village, la parole et les cœurs se sont libérés – nous avons mis en perspective nos visions, nos espoirs… – et une question récurrente venait à nos lèvres : comment créer une alternative à la déforestation tout en valorisant les savoir-faire traditionnels ? Nous avons médité et cherché… puis une idée à jailli : nous allions mettre sur pied un projet expérimental de valorisation des produits de la forêt (hévéa, huiles végétales, fruits secs) pour prouver qu'il était possible ici aussi de « produire sans détruire » – pratiquer l'extractivisme (cueillette sauvage) tout en protégeant la biodiversité.

La mise en place du projet

Le démarrage du projet s'est fait immédiatement avec l'achat de 300 sacs en lait d'hévéa et de 50 litres d'huile d'Andiroba (huile anti-douleur puissante). Nous avons payé comptant la première commande et avons décidé de pré-financer 50 % d'une commande à venir.

Nous avons participé à la modernisation de l'atelier de fabrication des sacs en cuir végétal. Douze familles de la communauté ont été embauchées pour participer à la confection. L'organisation s'est affinée au profit d'une mutualisation des apports de chacun (les hommes récoltent et sèchent l'hévéa, les femmes brodent et finissent les sacs). En parallèle, une activité d'extraction d'huile d'Andiroba a été relancée (activité traditionnellement féminine). Nous avons multiplié par trois le prix du marché et décidé de coupler chaque vente de flacon d'huile avec la plantation d'un arbre. Tous les ans, nous retournons en Amazonie à la saison des pluies pour planter les arbres parrainés en Europe (action relayée par le WWF sur www.wwf.fr) et faire le suivi des projets mis en œuvre. Chaque planteur touche 1 $ par arbre mis en terre. L'an dernier, 2 700 arbres ont été parrainés et ont permis l'achat de 400 hectares de terre pour la communauté. À ce jour, 3 000 sacs ont été vendus, plusieurs centaines de litres d'Andiroba achetés et vendus avec succès.

© Eyrolles Pratique

Le commerce équitable

Actuellement, nos produits (en majorité des huiles aux vertus anti-stress, antidouleur, cosmétiques) sont distribués sur internet, en boutiques spécialisées et sur les salons bio. Notre projet rencontre un vif succès auprès du grand public qui œuvre à nos côtés pour re-dynamiser cette magnifique économie forestière.

Nous avons une foi indéfectible en une économie qui remet l'Être humain et la Nature au cœur des préoccupations de chacun. Nous portons la vision d'une Humanité noble, digne et généreuse – ces valeurs étant enracinées au fond de chacun de nous. Chez certains, ce sont encore de petites graines qui ne demandent qu'à germer et à fleurir... alors à nos arrosoirs !

En conclusion

Ces témoignages retranscrivent très bien la réalité du terrain, les lenteurs et les limites dans le changement de la situation des petits producteurs. Dans nos sociétés, on est pressé, surtout quand il s'agit de faire ses courses ! Or, si un consommateur met de 2 à 7 secondes en moyenne pour choisir son paquet de café, de riz ou de sucre au super-marché... le producteur a dû attendre 3 ans avant de pouvoir récolter la première cerise de café et mettra 5, 10 à 20 ans pour enfin sortir réellement de sa situation de précarité et de survie.

Lorsque, au démarrage d'un projet, les producteurs n'ont pas de revenu ou ont un revenu inférieur à 50 euros par an, qu'ils n'ont que 0,37 hectares de surface à cultiver en moyenne (moyenne des surfaces cultivées de thé par les agriculteurs indépendants du Sri-Lanka), il leur faudra parfois plusieurs années pour atteindre un revenu décent de 3, 5, voire 8 euros par jour.

© Eyrolles Pratique

3. Les producteurs

Il y a 1,3 milliards d'agriculteurs dans le monde. Parmi eux, 20 millions sont équipés de machines pour cultiver et récolter, 250 millions cultivent à l'aide d'un animal (vache, buffle, cheval...) et le milliard restant cultive à la main. Nous disposons de moyens de communication très rapides et perfectionnés et les transactions internationales fusent. Dans ces pays, le « temps économique » tourne au ralenti. Le petit producteur qui cultive un hectare de riz va vendre une fois par an une partie de sa récolte et en tirer 200 euros pour vivre. C'est le seul revenu monétaire dont il disposera, pour lui et sa famille de 5 personnes jusqu'à la prochaine récolte, soit un budget annuel de 40 euros par personne, soit 3,33 dollars par mois ! Qui oserait dire dans ce cas qu'il n'y a pas une criante iniquité entre le revenu de survivance de ce producteur et les autres 90 % à 95 % de valeur ajoutée de la chaîne de production, d'importation et de commercialisation d'un produit qui sont réalisés dans les pays riches.

Tout développement est bloqué dans ces pays, en particulier pour les petits producteurs isolés puisque la valeur ajoutée est réalisée ailleurs. Ainsi, les innovations, la technologie, l'investissement, les infrastructures, l'éducation et la formation professionnelle, même certains médicaments... sont jalousement gardés par petit nombre de personnes qui ne cessent de s'enrichir, aux dépens des pays producteurs et de leurs populations qui continuent de vendre leurs denrées alimentaires à perte.

Dans la course à l'industrialisation, ils ont été oubliés, ils ont perdu leur place et subissent de plein fouet les dommages économiques, sociaux et environnementaux collatéraux de la croissance mondiale actuelle. C'est dire s'il reste du chemin à parcourir aux acteurs du commerce équitable !

© Eyrolles Pratique

Chapitre 4

Importateurs et distributeurs, au cœur du commerce équitable

Il existe deux manières de commercialiser les produits du commerce équitable à partir d'un groupe de producteurs identifié : le circuit d'importation et de distribution spécialisé ou le circuit classique sous le contrôle du label Max Havelaar.

Le circuit d'importation et de distribution spécialisé

Les réseaux de boutiques associatives

Depuis le début des années soixante, des réseaux de boutiques soutenues par des associations ont connu un essor important aux États-Unis et en Europe.

Vente des produits du commerce équitable mais aussi opérations de *lobbying* auprès des industriels et distributeurs et campagnes de sensibilisation du public sont à leur programme.

Oxfam, une association pionnière du commerce équitable

Oxfam est une association anglaise de solidarité locale et internationale fondée au début du siècle (voir le site www.oxfam.org). Comparable au réseau Emmaüs, elle récolte des vêtements usagés qu'elle revend à travers un large réseau de magasins dans toute l'Angleterre. Dans les années soixante, l'association compte plus de 200 points de vente et décide de coupler ses programmes d'aide au développement avec des achats de produits de petits producteurs des régions où elle agit afin de participer à la dynamisation de l'économie locale et au financement des projets.

© Eyrolles Pratique

Le commerce équitable

L'association importe des produits qu'elle revend à travers son réseau de boutiques solidaires dans toute l'Angleterre, puis des modèles similaires se développent rapidement dans d'autres pays d'Europe du Nord comme Wereldwinkel en Hollande (voir le site www.wereldwinkel.nl) ou GEPA en Allemagne (voir le site www.gepa3.de). En outre, Oxfam mène généralement, en parallèle de la vente de produits, de larges campagnes de *lobbying* auprès des industriels et distributeurs, ainsi que des campagnes de sensibilisation du public à la problématique des conditions de travail et de rémunération au Sud et à celle du développement durable des petits producteurs.

Savoir communiquer sur le commerce équitable

« Nous ressentons un intérêt croissant de la part des consommateurs pour le commerce équitable. En Suisse, la très forte compétition qui existe entre les deux principales chaînes de supermarchés (Migros et Coop) a concouru à faire connaître très rapidement les produits équitables. Cependant, quand les produits ne sont pas présents dans certains magasins, les consommateurs ne doivent pas hésiter à les demander.

Pour les acteurs du commerce équitable comme Claro, communiquer sur les producteurs, avoir une connaissance aiguë des filières d'approvisionnement de chaque produit et œuvrer dans une démarche transparente sont autant de forces mais aussi de très bons moyens de communication et d'information pour les consommateurs. En effet, chez le consommateur de produits équitables, au-delà du simple geste d'achat d'un paquet de café, par exemple, il y a souvent aussi une volonté d'être informé afin de connaître l'origine du produit, la démarche ou le processus de fabrication associés. Selon l'expression suisse, le consommateur « ne se concentre pas uniquement sur son propre jardin » mais a une vision large, informée et responsable de l'acte de consommation. Aussi nous devons-nous de connaître ces informations pour les retransmettre aux consommateurs en toute transparence. »

Par Regula Walther, export manager chez Claro,
centrale de commerce équitable suisse

© Eyrolles Pratique

4. Importateurs et distributeurs

Artisans du monde, le vétéran français

En France, un réseau du type Oxfam voit le jour à partir de 1975 sous l'impulsion de l'abbé Pierre, à travers les magasins associatifs de la fédération Artisans du monde (voir le site www.artisansdumonde.org). Celui-ci commercialise des produits d'artisanat et alimentaires à travers un réseau de plus de 90 points de vente. Il mène en outre de larges campagnes de sensibilisation du public sur la problématique des droits de l'homme au travail à travers le Collectif de l'éthique sur l'étiquette (voir le site www.crc-conso.com/etic), réunissant une cinquantaine d'associations et de syndicats relais.

Le Collectif de l'éthique sur l'étiquette

Depuis sa création en 1995, ce collectif a principalement mené des campagnes en direction de deux secteurs : la grande distribution généraliste, regroupée au sein de la FCD (Auchan, Carrefour, Casino, Cora...) et les chaînes spécialisées dans la vente d'articles de sport (Décathlon, Go Sport...). L'objectif est de les engager avec le collectif à la création d'un label social pour un commerce éthique. Ces enseignes avaient été notées dans un premier carnet de notes en mai 2000. Dans ce document, le Collectif de l'éthique sur l'étiquette mesure les initiatives prises par la grande distribution en vue, à terme, de garantir la bonne qualité sociale des produits commercialisés.

Artisanat-SEL et son catalogue de vente par correspondance

La vente de produits du commerce équitable par correspondance est particulièrement adaptée à des associations disposant déjà d'un large réseau de diffusion ciblé.

C'est le cas d'Artisanat-SEL, association de loi 1901 créée en 1983, issue du Service d'entraide et de liaison (SEL), une association créée en 1980 par l'Alliance évangélique française. Artisanat-SEL importe et distribue des produits du commerce équitable à travers un catalogue de vente par correspondance. Elle mène de nombreuses actions dans les pays du Sud : parrainage d'enfants, aide médicale, etc.

© Eyrolles Pratique

Le commerce équitable

Les boutiques et importateurs spécialisés

Le secteur spécialisé a développé ces dernières années d'autres initiatives, plus ciblées, permettant de stimuler la vente de nouveaux produits du commerce équitable.

Boutic Ethic

Boutic Ethic (voir le site www.bouticethic.com) est une société familiale, montée par Élizabeth, Philippe et Timothée des Francs, qui a ouvert successivement deux boutiques dans Paris. C'est une société qui ne commercialise que des produits du commerce équitable et qui est membre de la Plate-forme française pour le commerce équitable. L'offre produit des Boutic Ethic a toujours été assez haut de gamme : des produits choisis avec soin par ces trois frères et sœur, passionnés de voyage et de produits d'artisanat esthétiques, vrais et qui ont une histoire, le lien se faisant aussi à travers l'objet travaillé à la main par l'artisan.

Ils importent leurs produits de plus en plus en direct, après avoir acheté à des importateurs européens du commerce équitable. Au cours de leurs voyages, ils rencontrent les groupes d'artisans et se spécialisent sur l'importation de produits très qualitatifs d'un nombre limité de pays (Kenya, Philippines, Togo, Bénin…). À présent, ils développent la vente en gros à des boutiques indépendantes, sur des objets très qualitatifs mais à un prix abordable. Leur boutique (ils n'en ont gardé qu'une, située place de l'École militaire dans le 7e arrondissement) leur permet de tester de nouveaux produits, qu'ils peuvent ensuite importer en direct et vendre en gros. C'est un modèle performant, et ils ont à présent une forte légitimité dans la catégorie des produits d'artisanat qualitatifs et hauts de gamme.

© Eyrolles Pratique

Extrait du dossier de presse Boutic Ethic, décembre 2002

Nous tenons à insister sur la description de l'objet, de son créateur ou du projet qui les structure. Ceci afin de vous faire partager nos rencontres et de montrer que derrière chaque produit se trouve un homme, une communauté, une organisation qui ensemble lutte pour un avenir meilleur.

Lorsque vous achetez un produit artisanal ou alimentaire chez nous, vous devenez un acteur participant à un élan de justice et de solidarité à travers le monde. En échange, vous recevez un article unique, car fabriqué artisanalement à un prix juste et abordable.

L'artisanat parle de famille et de célébrations, de naissances et de mort, de beauté, autant de valeurs qui nous sont si chères. C'est une tradition, une expression de croyances, d'histoires et de cultures.

Les techniques et les méthodes sont passées de génération en génération, malheureusement, la modernisation et les évolutions économiques contribuent souvent à la lente disparition de la tradition artisanale.

Durant les années passées à travailler auprès de populations défavorisées ainsi qu'à travers nos nombreux voyages, nous avons été amenés à nous rendre compte à la fois de leur besoin et de l'atout potentiel que constituent la richesse et la variété de l'artisanat créé dans toutes ces villes et villages à travers le monde.

Né d'une volonté de soutenir nos voisins des pays du Sud, Boutic Ethic est fier qu'à travers ses produits de telles traditions puissent être perpétuées.

Et les autres...

On peut citer d'autres initiatives aussi ciblées, comme la marque People Tree au Japon, lancée par une jeune Anglaise, qui propose une ligne de vêtements équitables et biologiques (à partir de coton biologique). Elle vend ses produits à travers une boutique en propre à Tokyo et 400 points de ventes, principalement des boutiques indépendantes, dans tout le pays.

© Eyrolles Pratique

En France, plus récemment, une jeune femme entrepreneur, Rachel Liu, a lancé une marque de vêtements biologiques et équitables un peu similaire, Ideo, avec en particulier une large gamme de t-shirts équitables et bio qu'elle vend à des boutiques indépendantes spécialisées.

Citons enfin cette initiative audacieuse d'une femme, Oumje Yanssané, qui a lancé une boutique de commerce équitable centrée sur une offre spécialisée pour enfants et bébés : Bébés en vadrouille (47, boulevard Henri-IV dans le 4ᵉ arrondissement à Paris)...

Sans parler du cas particulier de commercequitable.com, créé en 2000 à l'initiative de Jérémy Deravin et Isabelle Trunkowski, site portail du commerce équitable.

Le cas particulier des marchés parallèles : le petit et le gros

Les réseaux de magasins bio eux aussi engagés : l'exemple de Biocoop...

Le réseau de magasins Biocoop présente des similitudes intéressantes avec les réseaux de commerce équitable spécialisés. Son objectif est en effet de « modifier les règles du jeu économique et contribuer à préserver l'environnement et la santé des hommes ».

Les premières coopératives bio voient le jour dans les années soixante-dix. La motivation des premiers consommateurs de bio tient principalement dans leurs préoccupations vis-à-vis des dangers de l'agriculture intensive (pollution des sols et des nappes phréatiques par les engrais chimiques et les pesticides). Quelques poignées de consommateurs font le choix d'une agriculture plus respectueuse de leur santé et de l'environnement. Une question concrète se pose à ces pionniers : comment ne pas être tributaire d'intermédiaires pour s'approvisionner en produits de qualité et à des prix

© Eyrolles Pratique

acceptables ? Ainsi se créent les premiers groupements d'achats coopératifs sur un principe de fonctionnement très simple, « tous bénévoles, tous responsables », et démocratique : « une personne = une voix ».

Dans les années quatre-vingts, ces unités associatives se développent, devenant de véritables lieux de vie, d'échanges et de rencontres entre les consommateurs et les producteurs. De petits locaux en boutiques aménagées, de bénévolat en salariat, le public continue de s'élargir. Progressivement, ce mouvement de consommateurs se professionnalise. Des entreprises commerciales coopératives se constituent. En novembre 1986, une quarantaine de coopératives (Germinal, Sonneblüem, Regain, Soleil Levain, Aquarius, Kerbio, Scarabée, Floréal, Nature et Vie Bigorre, etc.), s'apercevant qu'elles ont le même souci de développer le bio avec une même éthique, décident de se regrouper au sein d'une confédération et autour d'une charte commune. C'est la naissance du réseau Biocoop, aujourd'hui leader dans la distribution spécialisée bio, avec 210 magasins et supermarchés, et un chiffre d'affaires de 137 millions d'euros en 2001. Au cours de ces cinq dernières années, les ventes ont connu des taux de croissance proches de 100 %, fondés en majorité sur la vente de produits alimentaires (à 85 %). Ce réseau représente aujourd'hui 10 % des ventes de produits alimentaires bio en France.

Du magasin au supermarché en passant par quelques fermes à la campagne... ou en ville, les personnes qui animent les Biocoop choisissent, selon leur histoire et leur implication financière personnelle, la formule juridique la plus appropriée à leur fonctionnement. Qu'elle soit société coopérative de consommateurs ou société à responsabilité limitée, l'important est l'approche coopérative des relations qui s'établissent au sein de leur entreprise et avec leurs partenaires producteurs et consommateurs. La charte de Biocoop, en dehors des engagements vis-à-vis de la promotion de l'agriculture biologique, contient des critères relatifs au référencement de produits du commerce équitable et à un fonctionnement transparent et solidaire.

© Eyrolles Pratique

Le commerce équitable

La consommation hors domicile : un énorme marché, de fortes contraintes de prix

Ce secteur présente des opportunités de développement des ventes très importantes que ce soit au niveau des acteurs publics ou au niveau des structures de restauration collective.

La consommation hors domicile concerne les structures de restauration collective, cafés, restaurants..., ainsi que les acteurs administratifs et institutionnels (CROUS, conseil régional, général, Assemblée nationale...). Pour le café équitable, les ventes dans les circuits hors domicile représentent ainsi aujourd'hui près de 5 % des ventes de café équitables en France. Ce secteur présente des opportunités de développement des ventes très importantes, tout d'abord au niveau des acteurs publics (ville, conseil général...) qui sont engagés dans des démarches de développement durable et souhaitent communiquer sur leur engagement social et solidaire.

La vente de produits du commerce équitable entre dans le cadre d'un programme de valorisation de la politique menée. On peut citer en exemple les villes et institutions publiques suivantes : le Parlement européen, l'hôtel Matignon, le Sénat, l'Assemblée nationale, le conseil régional d'Île-de-France, du Nord-Pas-de-Calais, d'Aquitaine, des Pays de Loire, et les villes d'Agen, Angers, Annecy, Bègles, Bourg en Bresse, Issy-Les-Moulineaux, Libourne, Lyon, Morlaix, Nantes, Paris, Pessac, Quimper, Rennes, Strasbourg... (selon le document publié par Max Havelaar France en 2002, « 500 villes s'engagent pour le commerce équitable »).

De même, les sociétés de restauration collective, les distributeurs automatiques dans les entreprises et autres cantines scolaires et universitaires représentent un marché très important, qui subit néanmoins des contraintes très fortes au niveau des prix d'achat. Pour y répondre, il est nécessaire d'être spécialisé sur un nombre limité de produits et en mesure de les livrer en grandes quantités. Les acheteurs des services généraux des grandes sociétés et institutions publiques ont des budgets très serrés : 3 euros de prix de revient total pour un plat dans une cantine, 5 centimes d'euros pour un café... et l'offre de produits du commerce équitable devra s'inscrire à l'intérieur de ces contraintes budgétaires fortes...

© Eyrolles Pratique

Le pari de la distribution des produits du commerce équitable dans les grandes surfaces

Alter Eco, une marque de commerce équitable vendue principalement en grande distribution

Alter Eco est une marque transversale et spécialisée de produits du commerce équitable en grandes et moyennes surfaces. Une telle approche comporte ses atouts et ses limites... ce dont témoigne Alexis Krycève, son directeur marketing.

Alter Eco compte 36 références alimentaires (café, thé, riz, sucre, jus de fruits, cacao, huile d'olive, quinoa...) importées de 24 coopératives de petits producteurs dans 18 pays différents.

Une marque de commerce équitable vendue principalement en grande distribution

Le commerce équitable est présent dans les linéaires de certaines grandes surfaces depuis déjà plusieurs années. L'introduction de café labellisé Max Havelaar de manière plus massive date de 1998. À l'image des autres pays européens, le lancement de ces produits en GMS (grandes et moyennes surfaces) marque le réel décollage des ventes. En France, où près de 90 % des achats alimentaires sont faits dans la grande distribution, ce phénomène est sans doute plus fort encore qu'ailleurs, et on estime qu'aujourd'hui, 90 % des achats de café équitable se font dans les grandes surfaces.

© Eyrolles Pratique

Le commerce équitable

Si l'on veut réussir le pari du commerce équitable, il faut que celui-ci représente une réelle alternative aux produits du commerce traditionnel et il faut donc que tout consommateur puisse se voir proposer cette alternative là où il fait ses courses habituelles. Pour que l'impact du commerce équitable, tant en termes du nombre de bénéficiaires qu'en termes de développement, soit réel et durable, il faut par ailleurs atteindre un « seuil critique », un volume significatif. C'est à partir de ces postulats qu'Alter Eco a fait le choix de la grande distribution.

Les autres industriels qui proposent des produits issus du commerce équitable sont, généralement, des spécialistes d'un produit, le plus souvent le café, et se sont ouverts depuis plus ou moins longtemps au commerce équitable. C'est le cas par exemple des torréfacteurs Lobodis, Méo, Malongo, Cafés Richard, Suavor... Alter Eco n'est pas spécialiste d'un produit en particulier. Nous sommes spécialistes du commerce équitable et cherchons à montrer que ce qui s'applique au café s'applique également aux autres produits. Ainsi, la gamme Alter Eco compte 36 références alimentaires (café, thé, riz, sucre, jus de fruits, cacao, huile d'olive, quinoa...) importées de 24 coopératives de petits producteurs dans 18 pays différents.

Cette gamme transversale et l'identité originale véhiculée par le packaging Alter Eco permettent aux distributeurs de donner une visibilité forte à leur engagement en faveur du commerce équitable. La qualité propre de ces produits permet ensuite la fidélisation de ces consommateurs et alimente leur curiosité et leur volonté de découvrir toujours plus de produits issus du commerce équitable. Cet effet de gamme, la très grande qualité des produits ainsi que leur forte différenciation par rapport aux produits « classiques » permettent aux produits Alter Eco d'occuper les toutes premières places parmi les performances de ventes du rayon, et ce avec un budget de communication très limité.

L'offre d'une gamme complète de produits aussi divers que du thé, de l'huile d'olive, des tablettes de chocolat et du jus de fruits nécessite des savoir-faire très différents et un très gros travail sur la

© Eyrolles Pratique

maîtrise des filières. La capacité à offrir toujours plus de garanties aux consommateurs et aux distributeurs, tant sur le plan de la qualité des produits que sur celui de la triple valeur ajoutée pour les producteurs, reste l'enjeu majeur auquel Alter Eco doit pouvoir répondre. C'est à cette seule condition que nous pourrons continuer à augmenter significativement nos volumes de ventes et, ainsi, faire bénéficier toujours plus de producteurs de ces nouveaux débouchés.

Par Alexis Krycève, directeur marketing d'Alter Eco

Le marché de la grande distribution

À savoir ! La grande distribution totalise 90 % des ventes de produits alimentaires et 90 % des produits de commerce équitable vendus en France.

Le circuit de la grande distribution est le plus récemment développé. Il présente des avantages importants en terme de volume mais aussi des contraintes fortes par rapport à l'ensemble des autres circuits de distribution. Ses parts de marché vis-à-vis de la distribution spécialisée tendent à augmenter régulièrement.

Le parallèle avec les évolutions des ventes de produits bio est éloquent : en 2000, la grande distribution totalise 77 % de parts de marché des produits bio vendus en France ! Carrefour est le leader du bio en France avec 18,4 % de parts de marché, à travers sa marque Carrefour Bio (150 références). On retrouve les mêmes chiffres pour le commerce équitable : en 2001 plus de 75 % des produits de commerce équitable vendus en France l'étaient à travers les circuits de la grande distribution, et cette proportion s'est élevée à 90 % en 2003...

Voici quelques témoignages d'acteurs de cette grande distribution qui tous se sont engagés sciemment dans l'aventure et le pari du commerce équitable.

© Eyrolles Pratique

Le commerce équitable

En rendant accessibles des produits jusqu'alors réservés à un public engagé, Monoprix accompagne ses clients vers une consommation plus responsable. Son action vise également à les informer sur les enjeux d'une consommation plus équitable et respectueuse de son environnement.

Monoprix, acteur historique du commerce équitable en France

Pour notre groupe, le commerce équitable correspond à une logique d'accompagnement du développement *versus* une logique d'assistanat : seule la rémunération du travail à sa juste valeur peut permettre aux pays en développement de s'orienter vers un développement durable.

Après avoir été, en 1998, le premier distributeur non spécialisé à proposer dans ses rayons un café garanti Max Havelaar, Monoprix, soucieux d'offrir une plus grande visibilité aux produits de commerce équitable, tout en leur apportant la caution de l'enseigne, lance en 1999, un café garanti Max Havelaar à sa marque Monoprix Bio. En 2002, le groupe accompagne le positionnement et la définition des packaging de la première marque de commerce équitable, Alter Eco. Une gamme de 13 produits que nos magasins commercialiseront en exclusivité durant une année. L'année 2002 est aussi marquée par l'offre du premier produit frais issu du commerce équitable en distribution généraliste, la banane, suivie fin 2003 par l'ananas. Aujourd'hui ce sont près de 20 références qui sont proposées dans l'ensemble de nos magasins.

Bien que le commerce équitable bénéficie désormais d'une plus grande notoriété, Monoprix doit encore faire face à un certain nombre de freins économiques et réglementaires. En effet, d'une part, l'offre reste encore limitée à quelques marchés et, d'autre part, ces produits répondent à une demande encore relativement confidentielle. Enfin, il n'existe pas de label public national et/ou européen, qui constitue une garantie pour les consommateurs. C'est la raison pour laquelle notre enseigne distribue exclusivement des produits bénéficiant du seul « label » privé existant, « la garantie Max Havelaar ».

© Eyrolles Pratique

4. Importateurs et distributeurs

Aujourd'hui, notre objectif est d'accompagner les acteurs volontaires dans le changement d'échelle du commerce équitable. Cet engagement se traduit notamment par la poursuite de notre action en agissant sur l'offre pour stimuler la demande. Ceci implique de développer notre offre de produits issus du commerce équitable en proposant par exemple des produits élaborés, et non seulement « matières premières », et en l'élargissant aux produits non alimentaires.

Par Claude Sendowski, directeur général exécutif

Dans le cadre de sa stratégie de développement durable, Cora a souhaité avoir une politique complète d'assortiment afin de donner le choix à ses clients de « faire le bon geste pour les générations futures ».

Cora, au cœur d'une stratégie de développement durable

Comme les produits bio et « verts » participent à la préservation de l'environnement, nous avons souhaité commercialiser (dans tous nos magasins) 18 références issues du commerce équitable, en plus de la dimension d'éthique sociale déjà pratiquée sur nos produits à l'importation. Nos hypermarchés Cora, par leurs actions locales (partenariats de longue date avec les PME – petites et moyennes entreprises – régionales) et leur forte implication dans la ville, dans la région, sont au cœur de notre stratégie de développement durable.

En contribuant directement à l'amélioration des conditions de vie et de travail des producteurs du Sud, le commerce équitable nous permet une ouverture vers des horizons plus lointains. Mais c'est aussi une expérience humaine : la rencontre des managers de tous nos magasins avec des acteurs passionnés et une collaboration étroite avec Alter Eco, qui a accéléré le référencement de ces produits.

Bien que le chiffre d'affaires du commerce équitable soit encore limité, les excellentes performances du café nous laissent espérer un bon potentiel de croissance dans les deux prochaines années. Les

© Eyrolles Pratique

débouchés et les volumes de la distribution permettront le développement économique des petits producteurs, preuve qu'il y a la place pour les produits de ces structures extrêmement petites.

Aujourd'hui, nos attentes vont vers une demande de diversification des filières labellisées, notamment vers le non-alimentaire. En effet, le faible nombre de références issues du commerce équitable rend difficile leur visibilité en magasin, même si nous faisons des efforts en terme de merchandising (balisage du linéaire) et d'animation des gammes (opérations spéciales commerce équitable et dégustation).

Par Jacques Bouriez, directeur général

Les produits du commerce équitable face à la concurrence

Est-ce plus cher ?

À savoir !

Augmenter le volume des ventes permet progressivement de réduire le surcoût du commerce équitable ; il permet surtout d'optimiser l'audit, le suivi et le réinvestissement chez le producteur pour des projets économiques, sociaux ou environnementaux.

Le surcoût du commerce équitable concerne principalement le revenu supplémentaire attribué aux salariés ou aux producteurs pour atteindre un niveau décent de rémunération et la prime de solidarité attribuée au centre de production pour le financement de projets économiques (équipement, modernisation des équipements), environnementaux (reboisement, traitement des déchets) ou sociaux (mise en place d'un fond de prévoyance, construction d'une école, d'une route, etc.).

La masse salariale nécessaire pour la fabrication d'un produit ne représente en général pas plus de 10 % du prix final du produit ; ainsi une augmentation des salaires de 20 % aura-t-elle un impact de 2 % au maximum sur le prix final du produit. L'exemple le plus connu dans le domaine du commerce éthique est celui de la paire de chaussures de sport : la masse salariale totale contenue dans une paire de chaussures de sport représente 1,72 % du prix final. Dans ce cas, une augmentation de 1 % du prix final permettrait l'augmentation de la masse salariale de 58 % !

© Eyrolles Pratique

L'exemple du café Alter Eco

Pour un paquet de 250 g de café vendu 2,8 euros en grande distribution, le prix de revient du café vert FOB conventionnel est de 0,15 euros en moyenne, au lieu de 0,7 euros pour le café du commerce équitable labellisé Max Havelaar. Le surcoût est donc de 0,55 euros, soit 19 % du prix public, compensé par un effort de marge d'Alter Eco de 0,19 euros (possible uniquement en contrepartie de volumes élevés) et une économie de frais marketing de 0,36 euros, compensée par la très forte médiatisation du produit, l'adhésion et la forte fidélisation du consommateur.

Le surcoût du commerce équitable reste donc marginal pour l'industriel et le distributeur qui réalise des volumes importants (de 0 % à 10 % de surcoût). Il permet en contrepartie une forte valorisation de son image auprès des clients, actionnaires, salariés, médias, société civile et institutions. Le café équitable connaît ainsi en France actuellement des taux de croissance proches de 46 %, alors que le marché du café est en décroissance de 3 % par an. Il en est de même pour le commerce éthique qui représente un surcoût de 0,1 % à 2 % pour la réévaluation des salaires.

Il est d'ailleurs compensé par la limitation du nombre d'intermédiaires. Rappelons que le modèle économique du commerce équitable repose sur un achat le plus direct possible aux producteurs afin de maximiser leurs marges en évitant les intermédiaires qui n'apportent pas de valeur ajoutée réelle.

Un synonyme de qualité

Les modes de production employés sont une garantie de qualité. C'est elle qui permet de renverser la tendance du surinvestissement publicitaire.

Dans le commerce équitable, on paie le produit à un prix plus élevé au producteur que dans le commerce classique. On est donc en droit de demander au producteur une qualité de produit supérieure ou, en tout cas, un soin particulier apporté à la fabrication de celui-ci. La relation est plus qualitative avec le fournisseur, qui ne cherche pas à diminuer le prix de revient du produit à tout prix. On travaille avec des groupes de petits

© Eyrolles Pratique

producteurs (un hectare de surface cultivée en moyenne pour les produits de la marque Alter Eco, par exemple) et les modes de production employés sont une garantie de qualité.

Dans le commerce classique, la tendance a toujours été de diminuer les prix de revient du produit en concentrant les capacités de production et en améliorant les capacités productives afin de maximiser la marge et les dépenses de marketing et de publicité. Ces évolutions ont souvent eu un impact négatif sur la qualité du produit, tandis que l'emballage, l'argumentaire, la publicité faite au produit, plus que le produit lui-même, étaient privilégiés. Au lieu de payer très cher pour une campagne de publicité faisant intervenir une personnalité médiatique très coûteuse, il est possible de choisir de mieux payer les fournisseurs pour une meilleure qualité de produit et une forte valorisation de sa valeur ajoutée environnementale et sociale. C'est le marketing façon développement durable, un rééquilibrage de la structure de coût du produit. Ensuite, libre au consommateur de continuer à acheter le produit fortement valorisé par des frais marketing avals, parce qu'il s'identifie à la campagne de publicité ou tout simplement que ce produit le fait rêver, mais il n'est pas sûr qu'il fera le meilleur choix en terme de qualité de produit...

Café classique ou issu du commerce équitable ?

Dans le cadre du commerce équitable, la part du prix du composant contenue dans la vente d'un produit est rééquilibrée par rapport à la part des frais marketing. Les consommateurs préfèrent-ils acheter un café à 3 euros dans lequel il n'y a que 10 à 20 centimes d'euro de café acheté ou 30 à 40 centimes d'euro de café ? Lorsque, en conformité avec le règlement Max Havelaar, nous nous obligeons à acheter le café 126 cents de dollar par livre anglaise au lieu de 60 cents de dollars par livre sur le marché classique, n'est-il pas évident que nous obtenons ainsi les meilleures qualités de café ou qu'en tout cas, la faible contrainte en terme de prix offre la possibilité d'obtenir un niveau de qualité bien meilleur que celui du marché classique ?

Dans certains cas, les coopératives de commerce équitable ne sont pas encore à un niveau de maîtrise de la qualité suffisant, il faut l'admettre, mais, d'ici dix ans, si le commerce équitable continue de se développer, il aura pour tous ses produits, n'en doutons pas, des niveaux de qualité bien supérieurs aux produits du commerce classique.

© Eyrolles Pratique

À savoir !

En tout état de cause, le commerce équitable n'aura pas d'avenir tant qu'il n'aura pas prouvé sa valeur ajoutée pour le consommateur final.

Voici à ce sujet un témoignage avisé :

Les produits Alter Eco face : qu'en est il de la qualité et du potentiel de volumes ?

Un produit, *a fortiori* alimentaire, doit plaire ! Il est parfois bon de rappeler des évidences. C'est une utopie de croire que l'étiquette « commerce équitable » permettra de vendre des produits d'une qualité moyenne en jouant sur le seul appel à la solidarité. N'oublions jamais que le commerce équitable n'est pas une démarche de charité mais un échange « gagnant, gagnant » entre le producteur et le consommateur. « Tu me rémunères convenablement et en échange je t'offre un produit de la meilleure qualité qui soit ! » Dans les différentes études consommateurs qui ont été menées au sujet du commerce équitable, on constate que pour une majorité des consommateurs le commerce équitable est garant d'une grande qualité ; et c'est elle qui prime quand on les interroge sur leurs principaux motifs de satisfaction, loin devant les notions de solidarité ou de découverte de nouvelles tendances...

La qualité est bien le premier argument de vente que nous faisons valoir au sujet des produits Alter Eco. Mais il ne suffit pas de le dire, encore faut-il que les consommateurs puissent s'en convaincre. En voici nos raisons :

■ En payant un prix juste aux producteurs et en leur offrant des débouchés, l'opportunité leur est donnée de préserver et transmettre leur patrimoine. Ils apportent alors un soin tout particulier aux produits qu'ils cultivent sur cette terre ;

■ Quand, faute de débouchés dans nos pays du Nord, certaines coopératives ne parviennent pas à vendre la totalité de leur production à des clients de commerce équitable, elles sont obligées alors d'en vendre une partie au prix du marché. Naturellement, la meilleure qualité de récolte est réservée aux clients qui payent le mieux, c'est-à-dire aux clients de commerce équitable ;

© Eyrolles Pratique

Le commerce équitable

- Lors du processus de transformation, nous arbitrons encore en faveur de la meilleure qualité. C'est pour cette raison, par exemple, que les chocolats bio Alter Eco sont transformés en Suisse et non en Bolivie, où sont achetées les fèves de cacao, au-delà des contraintes techniques que cela représenterait (importation en containers réfrigérés. Nous pensons dans ce cas que choisir la qualité avant tout, c'est servir les producteurs.

La notoriété du commerce équitable en France n'est encore que de 45 % d'après les chiffres les plus optimistes qui aient été publiés (selon l'étude du CREDOC réalisée en octobre 2003). La dépense annuelle en commerce équitable d'un Français est de 0,80 euros contre plus de 10 euros pour un Suisse… mais la progression du marché français est la plus forte d'Europe. Les enseignes de la distribution montrent un intérêt croissant pour les produits du commerce équitable. Même celles qui étaient dubitatives au départ sont aujourd'hui de plus en plus convaincues que le commerce équitable n'est pas une mode et qu'il répond à de réelles attentes de leurs clients. Les très nombreux consommateurs qui se plaignent aujourd'hui auprès de leur super-marché lorsque celui-ci n'a pas de produits issus du commerce équi-table contribuent fortement à cette prise de conscience des distri-buteurs…

Même s'il est difficile de faire des pronostics, ces indicateurs, parmi d'autres, donnent des raisons d'espérer. Ainsi, à condition que la qualité reste excellente et constante, qu'il n'y ait pas de glissement progressif des prix et que nous soyons toujours capables de fournir les garanties que les consommateurs peuvent légitimement exiger, la marge de progression des volumes de ventes est très importante. Le commerce équitable pourrait représenter environ 5 % à 10 % de part de marché dans 10 ans sur certains produits. Il représente aujourd'hui 0,01 % du commerce mondial et fait vivre environ 800 000 familles de producteurs. Il est dès lors facilement conce-vable que si l'on s'approche de cet objectif de 5 %, on pourra sans doute contribuer au développement de très nombreux producteurs dans le monde.

Par Alexis Krycève, directeur marketing d'Alter Eco

© Eyrolles Pratique

Les chocolats bio Alter Eco

Les chocolats bio Alter Eco sont fabriqués selon un procédé traditionnel : ils sont conchés pendant 72 heures contre 3 heures en moyenne chez les industriels classiques et ne contiennent ni conservateurs, ni agents de texture ou agents de saveur. Le conchage est une étape capitale en chocolaterie au cours de laquelle le cacao est mélangé avec différents ingrédients. Il permet de faire apparaître les ultimes saveurs du chocolat et de lui donner toute son onctuosité et sa finesse.

Le marché de demain...

À savoir !

La réussite de l'introduction du café équitable, sous le label Max Havelaar, chez la plupart des grands distributeurs européens a ouvert la voie à l'ensemble des produits labellisés du commerce équitable. Et on s'attend à ce que les autres produits du commerce équitable connaissent un niveau de développement comparable à celui des produits biologiques d'ici à dix ans.

Ces dernières années, les thés, jus de fruits, sucres et bananes des filières équitables ont atteint des taux record de pénétration du marché en Europe du Nord. L'Europe du Sud, où le commerce équitable a été plus lent à démarrer, connaît un fort phénomène de rattrapage avec des taux de croissance du marché de 30 % en Italie et en Espagne. Le cas français est emblématique des potentiels de croissance du marché : après 20 ans durant lesquels les produits du commerce équitable étaient vendus dans des réseaux associatifs spécialisés, l'introduction du café chez l'ensemble des distributeurs de l'Hexagone a permis d'enregistrer des taux de croissance des ventes de 115 % par an en 2003.

© Eyrolles Pratique

Le commerce équitable

Vente des produits labellisés commerce équitable dans le monde

Pays	Euros	% du marché	Taille du marché (en millions de personnes)	Consommation par habitant (en euros)
Suisse	74 200 000	22,4%	7 300 000	10,16
Luxembourg	1 343 360	0,4%	450 000	2,99
Pays-Bas	35 012 000	10,6%	16 219 939	2,16
Royaume-Uni	93 000 000	28,0%	58 900 000	1,58
Finlande	8 000 000	2,4%	5 200 000	1,5
Danemark	8 000 000	2,4%	5 368 354	1,49
Autriche	10 859 000	3,3%	8 131 953	1,34
Allemagne	51 000 000	15,4%	80 000 000	0,64
Suède	4 800 000	1,4%	9 000 000	0,53
Belgique	5 425 000	1,6%	11 000 000	0,49
Irlande	1 600 000	0,5%	3 500 000	0,45
France	21 000 000	6,3%	60 000 000	0,35
Canada	8 945 739	2,7%	31 499 560	0,28
Norvège	3 089 177	0,9%	16 219 939	0,19
États-Unis	4 572 771	1,4%	291 000 000	0,02
Japon	757 893	0,2%	126 000 000	0,006
Total Europe	**317 328 537**	**95,7%**		
Total Monde	**331 604 940**	**100%**		

Consommation de produits du commerce équitable par habitant et par an

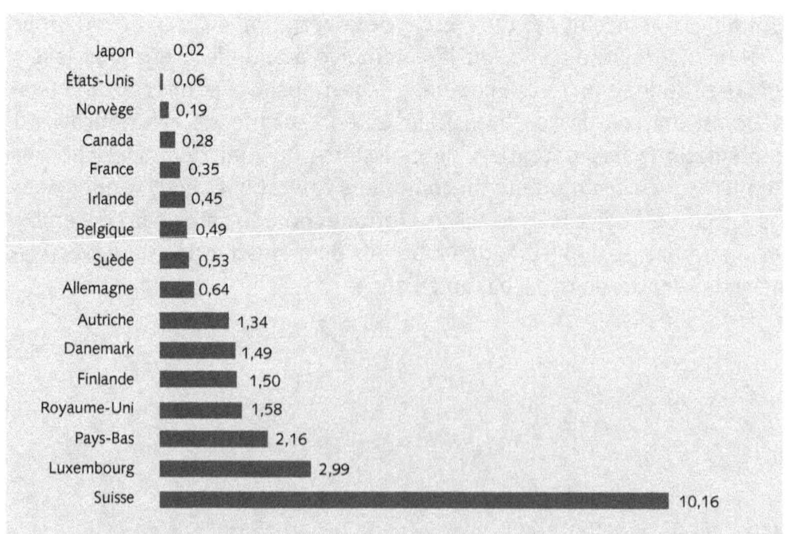

© Eyrolles Pratique

4. Importateurs et distributeurs

L'Europe représente aujourd'hui à elle seule 95 % du marché des produits du commerce équitable.

Mais nous ne sommes qu'au début d'un phénomène qui devrait progressivement concerner plus d'une centaine de références dans le domaine alimentaire et autant dans le non alimentaire. En valeur absolue, le commerce équitable n'affiche qu'un modeste 350 millions d'euros de chiffre d'affaires au niveau mondial, réparti sur 14 000 points de vente, mais il pourrait atteindre un chiffre dix à vingt fois supérieur au cours des cinq prochaines années.

L'alimentaire : une progression rapide et en accélération

En dehors du café déjà largement distribué (66 % des ventes d'alimentaire équitable), il reste un très grand potentiel de développement des ventes pour la majorité des autres produits alimentaires.

À l'heure actuelle, les produits de commerce équitable les plus vendus au niveau mondial (tous introduits dans des circuits de la grande distribution) sont le café, le cacao, la banane, le thé, le miel le sucre et les jus de fruit. Ce marché des produits alimentaires labellisés du commerce équitable avait enregistré en 2000 une troisième année consécutive de hausse avec + 15,7 % de croissance en volume, Ceci représente 40 000 tonnes de produits importés.

L'accélération de l'introduction de ces produits dans les circuits de la grande distribution au cours de l'année 2003 ont accru le rythme d'augmentation des ventes autour de 25 % (de croissance annuelle en volume).

Le non-alimentaire

Le non-alimentaire connaît pour l'instant des taux de croissance faibles (+10 % en moyenne) en raison de circuits de distribution limités.

Aucun produit n'a encore été vendu de manière permanente dans la grande distribution Produits principalement d'artisanat, ils n'étaient pas adaptés à la demande et aux types de produits vendus régulièrement en

© Eyrolles Pratique

Le commerce équitable

grandes surfaces. Néanmoins, le développement continu de nouvelles gammes de produits utilitaires dans le domaine de l'habillement, de l'art de la table et de la décoration d'intérieur laissent entrevoir de très fortes perspectives de croissance. Les assiettes, verres, couverts et bougies, t-shirts en coton biologique et autres écharpes et accessoires de mode devraient faire leur apparition dans la grande distribution d'ici fin 2004. On estime qu'actuellement de 10 à 20 % des références non alimentaires vendues dans la grande distribution trouvent leur équivalent sur le marché équitable...

Interview de Michel-Édouard Leclerc par l'auteur

Quelle est votre vision du développement durable ? Est-ce que ses thèmes sont pour vous pertinents, galvaudés, à la mode ou correspondent-ils à une vraie préoccupation sociale ?

Le terme est tellement large, mis à toutes les sauces qu'à l'exemple de Monsieur Jourdain, tout le monde peut s'en revendiquer. Et puis, c'est vrai, c'est un concept à la mode. Tant dans le monde des entreprises que dans tout débat de société. Et alors ? De tous temps, les marchands ont su récupérer les bons slogans. Mais, j'en suis convaincu, l'idée d'un développement raisonné, mieux maîtrisé, plus soucieux des hommes et de l'environnement est en train de s'installer dans la demande sociale et dans nos pratiques quotidiennes.

Les consommateurs interpellent les entreprises, quelquefois durement d'ailleurs, sur la sécurité des produits, sur leur qualité, mais aussi sur leur origine et leur condition de fabrication. Ainsi, un label de « qualité globale » s'impose désormais à tous les distributeurs et industriels.

Quelquefois, ces exigences ne s'expriment que sous la forme d'un besoin d'esthétique : le refus de la détérioration d'un paysage, la protection d'un terroir, la valorisation d'un patrimoine forestier ou géologique. Cette volonté s'accompagne aussi d'une plus grande exigence morale, qui peut aller jusqu'à boycotter les grandes marques qui accepteraient de travailler avec des entreprises peu soucieuses des conditions sociales de travail. Qui aujourd'hui accepterait d'acheter dans un hypermarché un produit dont les médias révéleraient qu'il a été fabriqué par des femmes esclaves, des enfants ou des prisonniers politiques ?

© Eyrolles Pratique

Effet de mode ou pas, il y a aujourd'hui dans notre société une prise de conscience collective. Elle est salutaire. Elle s'impose aux entreprises et aux États, qu'il s'agisse de traiter les problèmes de l'environnement ou de l'éthique dans l'échange commercial.

Vous savez, cela fait plus de 40 ans que nos philosophes, nos éducateurs et une frange de la société politique se sont évertués à contester la notion de progrès social, ce concept hérité des « Lumières ». Des auteurs comme Raymond Aron, Jean Fourastier ou Alfred Sauvy et des écrivains comme Jean-François Revel ont été longtemps mis à l'index par des idéologues qui dénonçaient l'humanisme comme une survivance de la pensée « chrétienne bourgeoise ». Pour moi, c'est clair, le concept de développement durable, fut-il fumeux, n'a d'autre objectif que de réintroduire la préoccupation sociale et humaine dans la finalité du développement économique. Et c'est déjà pas mal.

Le marketing et la grande distribution sont-ils compatibles avec la notion de développement durable ?

Bien sûr, il y a de la récupération dans l'air. Après l'écolo marketing, les entreprises investissent dans l'éthique et le commerce équitable. Mais il faut être logique. On ne peut pas interpeller les entreprises, exiger qu'elles soient un acteur de l'écologie, qu'elles fassent pression sur les producteurs des pays émergents... et, en même temps, leur dénier une légitimité pour répondre à ces injonctions. Trop d'organisations non gouvernementales et d'alter-mondialistes véhiculent cette forme d'utopie selon laquelle l'avenir de la planète ne serait assuré que dans le secteur non marchand.

En fait, je crois le contraire. Tout simplement, parce que ces préoccupations sont complètement intégrées aux demandes et aux exigences de nos concitoyens. Les entreprises doivent y répondre, en modifiant leurs offres, en labellisant ou en certifiant leurs produits, en donnant des garanties sur les conditions de production. Celles qui essaieront de se soustraire à ces obligations seront évincées du marché. Soit par boycott, soit par la concurrence des entreprises qui auront investi sur ce concept.

© Eyrolles Pratique

Le commerce équitable

Prenez le cas des entrepreneurs du Vietnam ou de la Chine centrale. Voilà des firmes qui ont à peine dix ans d'existence. Les patrons qui les dirigent ont réussi par un tour de force extraordinaire à sortir du communisme, à créer leur société, trouver des marchés, des capitaux. Ils sont en concurrence avec d'autres firmes locales. Vu de leur territoire, nos exigences morales ne sont pas, en tant que telles, leur obsession quotidienne. Oserais-je dire, pour avoir rencontré dans ces pays des représentants du monde ouvrier ou des associations familiales, qu'elles n'en font pas non plus toujours leur priorité. L'antidote à la pauvreté, ça reste l'argent, le salaire... Alors, si nos acheteurs veulent être écoutés, il faut bien insérer nos exigences dans une démarche valorisant cet investissement supplémentaire. Il faut assurer aux fabricants qu'en garantissant le respect des conditions éthiques de production, ces entreprises trouveront en Europe des débouchés plus rémunérateurs. Que voulez-vous, c'est toujours l'intérêt qui guide le monde !

Qu'enfin, les services marketing des industriels et des distributeurs rivalisent d'ingéniosité publicitaire pour communiquer sur leur propre engagement et leur démarche, cela ne me choque pas. L'important, c'est que le processus soit en marche. Durablement en marche.

Partout dans le monde, le commerce équitable prend son envol. Pensez-vous que les consommateurs français et européens puissent être sensibles à cette nouvelle forme de commerce malgré des prix plus élevés ?

Sans hésitation, je réponds oui. Il existe une forte demande. Mais, attention, il n'est pas écrit « gogo » sur le front de tous les consommateurs. Il ne faut pas faire les mêmes erreurs que pour les produits bio. Les clients sont prêts à acheter un peu plus cher des produits dont les certifications garantissent des conditions naturelles d'élevage ou de production. Pour autant, ils ne voient pas pourquoi les prix sur le marché du bio devraient à ce point être confidentiels et élevés.

Il en va de même pour le commerce équitable. Les consommateurs sont prêts à surpayer dans une certaine mesure des produits dont ils

© Eyrolles Pratique

sont sûrs que les profits iront directement aux petits producteurs de café ou de banane. Mais l'écart de prix doit rester raisonnable et ne pas cautionner une politique de marge élevée. C'est tout l'intérêt de l'action des centres É. Leclerc. Nous allons faire bénéficier ces produits de la crédibilité de notre enseigne en matière de prix bas.

Quelle est votre vision du développement du commerce équitable ?

Pour moi, le commerce équitable est d'abord un levier. Il n'est pas une finalité en soi. Il doit permettre l'accélération de l'intégration des producteurs du Sud dans le mécanisme de la mondialisation des échanges. C'est sur ce point que je diverge avec beaucoup d'alter-mondialistes dont la culture est encore trop empreinte d'idéologie marxisante ou tout simplement nourrie d'une trop grande naïveté. Je m'explique : la sur-rémunération payée lors de l'achat d'un produit équitable ne doit pas à mon sens être durable. Elle doit permettre aux petits producteurs d'investir dans leur pays, de s'organiser, de grandir pour pouvoir rentrer dans l'ordre économique normal. Le commerce équitable doit être un levier, une manière d'offrir à ces producteurs, non pas une protection, mais une possibilité de s'organiser pour mieux rivaliser, « par la suite », avec les grandes sociétés nationales et multinationales.

Pratiquer le culte du petit, comme le font certaines associations qui veulent limiter leur aide aux organisations les plus démunies mais pas forcément les plus performantes, c'est vouloir cantonner le concept de commerce équitable à celui d'assistanat ou de mécénat. Je soutiens, au contraire, la démarche d'Alter Eco, qui pousse les producteurs à s'organiser en groupement de vente. Il a lui-même constitué un groupement d'achat, labellisé par Max Havelaar. Il permet ainsi aux produits du commerce équitable de sortir des circuits sympathiques, mais trop marginaux, de la vie militante. Et en organisant rationnellement la logistique de ces produits et leur distribution, il permet d'amener ces produits sur la table des consommateurs à des prix raisonnables. Ce qui est une chance pour leur développement.

© Eyrolles Pratique

Le commerce équitable

En quoi le commerce équitable concerne-t-il Leclerc ? Comment comptez-vous manifester votre engagement ?

J'ai longtemps hésité parce que, justement, je pensais que cette volonté de confinement du marché ne pouvait que décevoir les producteurs du Sud. Mais à partir du moment où ils font eux-mêmes l'effort de s'organiser pour séduire, en terme de qualité et de marketing, les marchés occidentaux, nous devions leur donner toutes leurs chances. Depuis deux ou trois ans, les Centres É. Leclerc commercialisent une dizaine de références de produits équitables (riz, thé, café, filtres à café, etc.). Vu la qualité des audits entrepris auprès de nos fournisseurs et la bonne réceptivité des consommateurs, nous avons décidé qu'en 2004, nous deviendrons l'un des premiers distributeurs européens du commerce équitable.

Cela passe par l'ouverture de nos rayons aux principaux fournisseurs labellisés. Cela passe aussi, chez nous, par la création d'une gamme à nos marques propres. Nos équipes d'acheteurs se sont récemment rendues en Asie et en Amérique latine pour auditer des coopératives et signer avec elles des accords sur la commercialisation des cœurs de palmier, des bananes, de café, etc.

Mais, attention ! L'avenir de ce marché dépendra évidemment de la capacité des producteurs du Sud à garantir aux consommateurs occidentaux une qualité gustative et sanitaire irréprochable. C'est un sacré défi pour des associations comme Max Havelaar qui vont devoir investir considérablement pour garantir tous ces labels.

Et puis, il faut s'assurer que l'argent aille bien aux producteurs. Et que ces fournisseurs réutilisent judicieusement cette manne financière. Avec l'extension prévisible de ce marché, nul doute que les distributeurs, comme les Centres É. Leclerc, devront accompagner ces associations en consacrant une part importante de leur financement pour participer à ces audits et assurer une bonne communication sur ces produits.

Foi de Leclerc, je m'y engage.

© Eyrolles Pratique

4. Importateurs et distributeurs

Quel est le rôle et quelles sont les responsabilités des politiques dans le développement du commerce équitable ?

Je suis perplexe devant une forme d'incohérence exprimée non seulement dans le discours politique, mais aussi par les organisations professionnelles, patronales notamment. Tous les jours, nous lisons des déclarations sur les conditions inégales, voire discriminatoires, de production. Dans les pays émergents, nombre d'entreprises payent leurs salariés au lance-pierres, ne respectent pas de conditions sanitaires ou sociales de production, ne payent pas de charges, ni de cotisations, et ne sont même pas soumises à un impôt collectif. Ces employeurs menacent, par leur dumping, nos entreprises industrielles obligées de délocaliser. Le mouvement touche même le secteur des services.

Dès lors, je ne comprends pas pourquoi le patronat français n'est pas plus mobilisé pour défendre les ONG qui réclament le respect de clauses sociales comme préalable à l'ouverture des frontières. Nos industriels réclament des protections sous forme de droits d'entrée, de taxes ou de limitation d'importations. Ne serait-il pas plus judicieux d'imposer un relèvement des seuils sociaux de production dont pourraient ainsi bénéficier les populations des pays émergents.

Au moins n'y a-t-il pas cette ambiguïté lorsqu'on parle du commerce équitable. Et c'est pour cette raison qu'il me semble urgent de reconsidérer le statut spécifique de ces produits en matière de droits de douane. Parallèlement aux exigences éthiques réclamées par les entreprises ou les ONG, l'État devrait soutenir « les bonnes pratiques » en favorisant le développement du marché du commerce équitable. Si l'État avait un discours plus clair, plus « punchy » sur ce sujet, les consommateurs seraient encore plus mobilisés.

© Eyrolles Pratique

En conclusion

Les multiples acteurs, du plus engagé au plus généraliste, du vendeur bénévole au chef de rayon, partagent tous un même objectif. Leurs sensibilités s'expriment de manière différente, mais, au final, tous contribuent à ce jour au développement du mouvement du commerce équitable. Doit-on vendre les produits du commerce équitable dans les circuits de la grande distribution ? Évidemment oui car c'est là que sont achetés 90 % des produits de consommation courante et, déjà, plus de 90 % des produits du commerce équitable en France...

Quels sont les risques ? Le risque que le consommateur se lasse, qu'il ne soit plus satisfait de la qualité des produits, qu'il ne soutienne plus ce concept et qu'ainsi, les distributeurs soient amenés à retirer les produits des rayons avant que la relation commerciale n'ait eu un véritable effet de développement pour les producteurs au Sud. Les modes et sujets de préoccupations de l'opinion publique peuvent changer rapidement alors que les petits producteurs du Sud ont eux souvent besoin de 10 à 20 ans pour arriver à un niveau de vie décent et entrer dans un processus de développement durable et collectif. Si le consommateur veut des produits « durables » dans ses rayons, il faut qu'il réoriente aussi durablement ses choix de consommation.

© Eyrolles Pratique

Chapitre 5

Les consommateurs citoyens ou « consom'acteurs »

Face à ces produits, on retrouve… les consommateurs des pays du Nord (en général plus de 90 % des ventes des organisations de producteurs de commerce équitable se font dans les pays du Nord). Qui sont-ils ? Qu'attendent-ils ? Pourquoi consomment-ils ou ne consomment-ils pas de produits du commerce équitable ?

Le profil des consommateurs du commerce équitable, leurs attentes

Les premières études de marché sur le commerce équitable rendent compte d'une forte demande des consommateurs. Il s'agit en l'occurrence des sondages IPSOS octobre 2000, IFOP juillet 2001, IFOP janvier 2002 et Alter Eco mai 2002 dont nous rendons compte dans l'analyse qui suit.

L'éthique, une tendance de fond

Plus généralement, la tendance indique que le consommateur est devenu « consom'acteur ».

Le désir de transparence et de traçabilité est largement exprimé par les consommateurs. Selon un sondage IPSOS réalisé en octobre 2000, à qualité égale 90 % des sondés affirment donner leur préférence à un produit du commerce équitable donnant une plus grande information sur le produit. Le consommateur veut une information totale sur les produits qu'il consomme. En particulier, il désire avoir la garantie qu'ils ont été fabriqués dans des conditions décentes pour les salariés et qu'ils respectent les critères d'un développement durable des centres de production, en particulier dans les pays du Sud.

Il ne consomme plus de manière « aveugle » comme dans les années quatre-vingts où il faisait très largement confiance au distributeur, mais

© Eyrolles Pratique

Le commerce équitable

désire au contraire être en mesure de consommer et d'orienter ses choix de manière responsable. Ses critères de choix se portent à présent aussi sur les garanties affichées de sécurité alimentaire et d'hygiène, apportées au produit, ainsi que sa valeur ajoutée environnementale et sociale.

En réponse à cette tendance, l'entreprise désire se prémunir contre les risques liés à son image et sa réputation, et même, si possible, se valoriser dans des projets de développement durable. Elle prend de plus en plus en compte des critères sociaux et environnementaux dans ses choix stratégiques de développement de produits afin de valoriser son image de marque ; c'est le développement combiné des audits de commerce éthique et du référencement de produits du commerce équitable.

Les médias relaient l'information à grande échelle, un grand nombre d'articles décrivent ces pratiques et présentent ces nouveaux produits. Ainsi, en France par exemple, la notoriété du commerce équitable ne cesse d'augmenter :

Taux de notoriété assistée du commerce équitable
établi en réponse à la question :
« Connaissez-vous le commerce équitable ? »

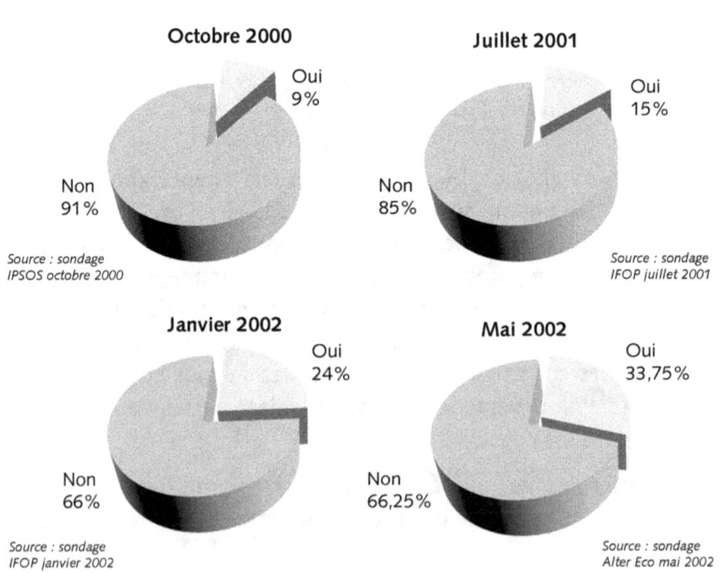

© Eyrolles Pratique

On observe surtout une accélération de la croissance du taux de notoriété. Mais ce taux est à prendre avec prudence car seules 40,1 % des personnes qui déclarent connaître le commerce équitable peuvent citer un produit (en grande majorité le café, pour 48,3 % d'entre elles).

Vision du commerce équitable chez le consommateur
établie en réponse à la question :
« Que vous évoque le commerce équitable ? »

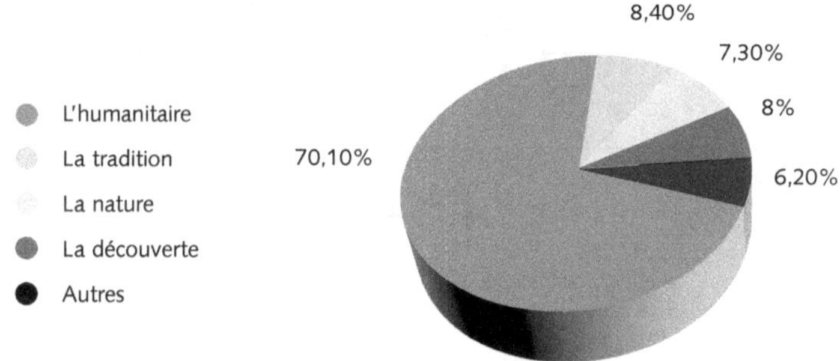

Lorsque l'on demande aux consommateurs ce que leur évoque le commerce équitable, l'aspect humanitaire est prépondérant, c'est peut-être même un obstacle au développement des ventes à grande échelle. Si ce n'est qu'une « bonne action », c'est que sa pratique n'est pas régulière (« parfois j'achète un produit du commerce équitable, cela m'est arrivé »), et que le produit n'est pas acheté dans le cadre d'une consommation courante.

Chez les 25-39 ans, les motivations à l'achat peuvent passer par d'autres clés d'entrée comme la nature ou la découverte (voyage...). Chez les plus de 60 ans, on met en avant la tradition, en particulier dans les procédés de fabrication. Globalement, c'est toujours l'humanitaire qui reste en tête, tous âges confondus, mais il faut sortir de cette association à l'humanitaire, qui marginalise forcément l'achat du produit, et privilégier d'autres clés d'entrée, plus susceptibles de générer des achats sur une base régulière.

© Eyrolles Pratique

Le commerce équitable

La clientèle du commerce équitable

 *À savoir !*

Le consommateur type est une femme de 25 à 49 ans, de catégorie professionnelle moyenne à élevée et vivant en milieu urbain.

La clientèle cible

Connaissez-vous le commerce équitable ?						
	Agriculteurs	Artisans/Ouvriers	Professions intermédiaires	Cadres/chefs d'entreprise	Chômeurs	Inactifs
Oui	23,30%	31,50%	47,20%	43,90%	23,80%	28,60%
Non	76,70%	68,50%	52,80%	56,10%	76,30%	71,40%
Total	100%	100%	100%	100%	100%	100%

	Moins de 25 ans	25-39 ans	40-59 ans	60 ans et plus	Total
Oui	36,98%	34,80%	33,67%	25,42%	33,75%
Non	63,20%	35,20%	66,33%	74,58%	66,25%
Total	100%	100%	100%	100%	100%

Connaissez-vous le commerce équitable ?		
	Paris	Province
Oui	35,30%	32,60%
Non	64,70%	67,40%

Connaissez-vous le commerce équitable ?		
	Paris	Province
Oui	35,30%	64,70%
Non	32,60%	67,40%

Répartition par classe d'âge des personnes ayant déjà acheté un produit du commerce équitable

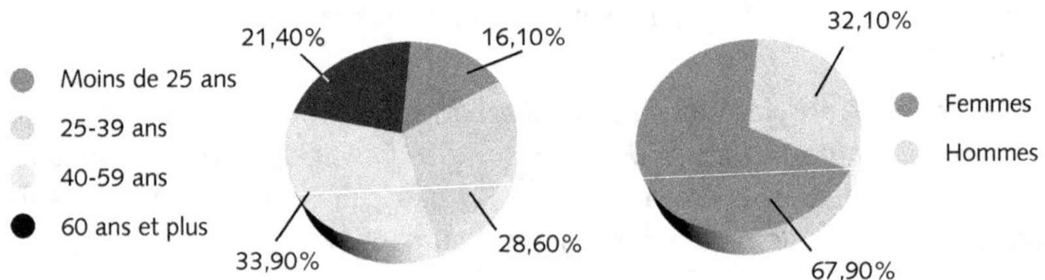

Ces quelques statistiques nous permettent de dresser le « portrait robot » du consommateur type du commerce équitable en distribution non spécialisée.

© Eyrolles Pratique

La notoriété du commerce équitable est décroissante avec l'âge des catégories de personnes interrogées. Le taux de notoriété est tout de même globalement homogène chez les 0 à 59 ans avec un décrochage important chez les plus de 60 ans. Les moins de 25 ans représentent un marché moins développé que les plus de 59 ans, alors que les taux de notoriété sont inversés. Ainsi, schématiquement, la diffusion passe par les jeunes, mais ce sont leurs parents qui achètent éventuellement le produit. Ces résultats sont aussi spécifiques aux catégories : moins de jeunes font systématiquement les achats alimentaires.

Le fait que les personnes vivant en milieu urbain soient plus sensibilisées peut aussi s'expliquer par une plus forte proximité avec les médias, en particulier les campagnes d'affichage plus accessibles au public francilien.

Centres d'intérêt des acheteurs du commerce équitable
établis en réponse à la question : « Êtes vous intéressé et pourquoi pour en savoir plus sur le commerce équitable ? »

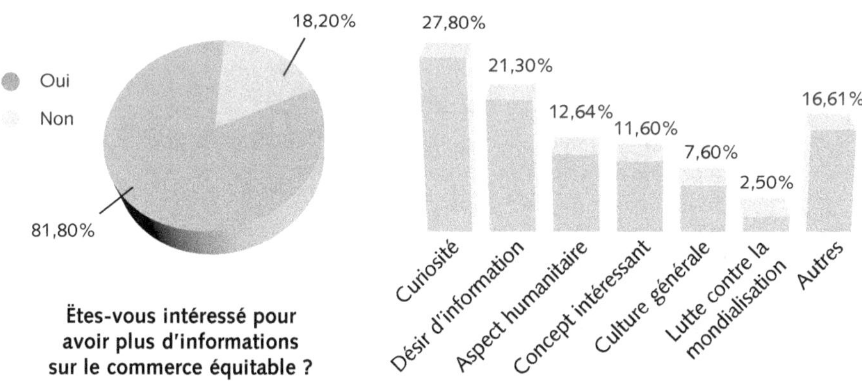

Êtes-vous intéressé pour avoir plus d'informations sur le commerce équitable ?

Pourquoi souhaitez-vous en savoir plus ?

Il y a un fort intérêt général pour en savoir plus, mais celui-ci est guidé avant tout par la curiosité et le désir d'apprendre plus que par militantisme. L'intérêt pour le commerce équitable s'inscrit donc plus dans une démarche personnelle que collective. On désire s'enrichir personnellement à travers la découverte du produit et de son histoire. Là encore, on recherche le bénéfice consommateur du produit de commerce équitable.

© Eyrolles Pratique

Le commerce équitable

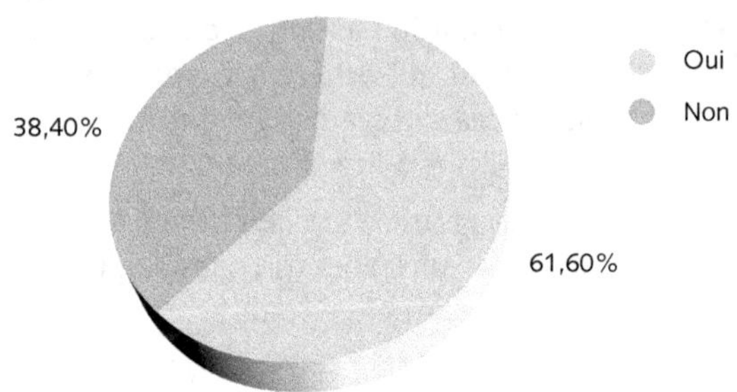

Un fort pourcentage des personnes sensibilisées au commerce équitable a acheté un produit au moins une fois, c'est un taux de transformation en achat assez important, surtout comparé à la faible distribution numérique des produits du commerce équitable dans la distribution.

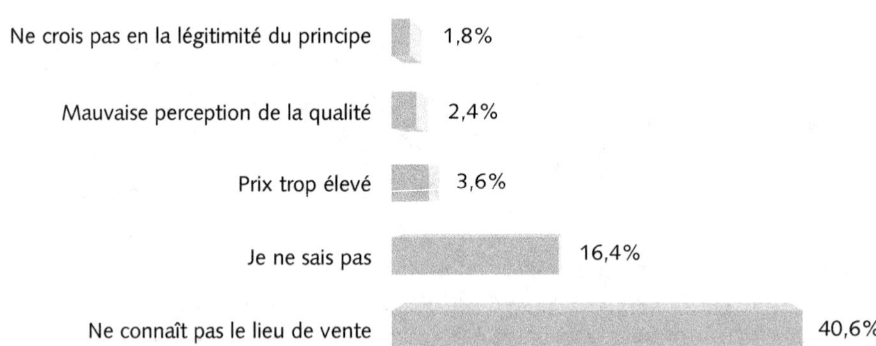

© Eyrolles Pratique

5. Les consommateurs citoyens

La légitimité, le prix ou la qualité n'entrent que marginalement en compte dans l'explication du non-achat. Il n'existe pas d'obstacle intrinsèque majeur au développement du commerce équitable, en particulier au niveau de sa légitimité. Il est important de communiquer sur les lieux de vente pour augmenter le taux de transformation.

Les attitudes qui la caractérisent

Les critères d'achat

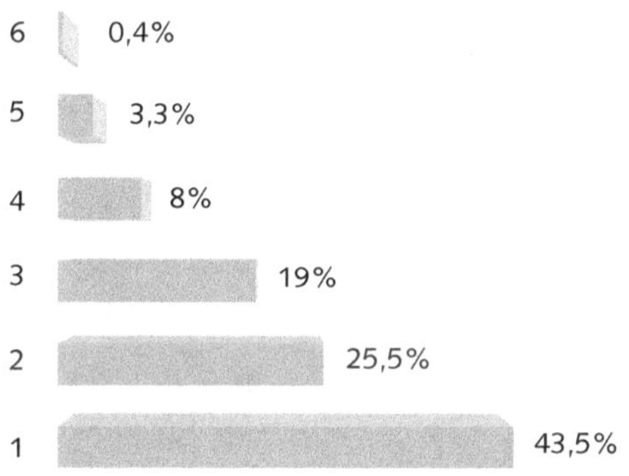

1. Qualité
2. Aspect humanitaire
3. Curiosité/Originalité
4. Prix
5. Différence de prix par rapport à un produit classique
6. Phénomène de mode

	Moins de 25 ans	25-39 ans	40-59 ans	60 ans et plus
Qualité	38,90%	46,20%	44,80%	57,10%
Prix	15,40%	7,70%	4,20%	0
Curiosité	19%	20,50%	16,90%	17,10%
Aspect humanitaire	24,40%	19,20%	35,20%	22,90%
Phénomène de mode	0	0	1,40%	0
Différence de prix	2,20	6,40%	1,40%	2,90%

© Eyrolles Pratique

Le commerce équitable

La qualité du produit reste le premier critère d'achat tous âges confondus, mais les moins de 25 ans sont comparativement plus sensibles au prix ; les *Baby Boomers* sont les plus sensibilisés à la solidarité internationale (un reste de 1968 ?) et les 60 ans et plus restent rivés sur la qualité du produit.

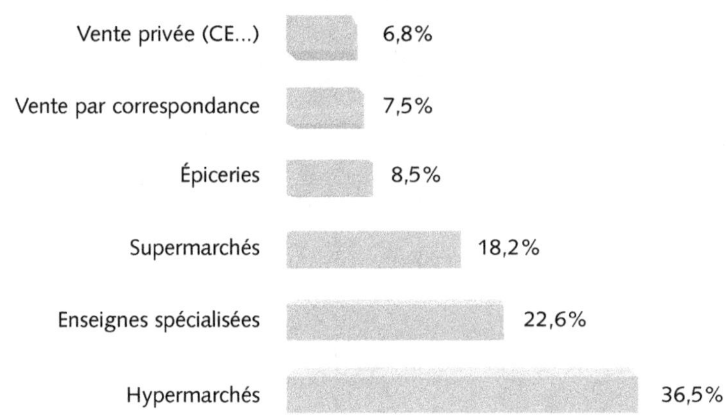

Pour tous les consommateurs, la vente des produits doit avoir lieu dans les circuits de vente classique, là où ils ont l'habitude de faire leurs courses. Nous avions demandé dans quelles enseignes en particulier ces personnes désiraient trouver les produits du commerce équitable et la répartition suivait globalement le taux de notoriété et de pénétration de chaque enseigne.

De même, la priorité des consommateurs pour le commerce équitable va aux produits de consommation courante et à l'équipement de la maison. Les produits techniques et spécialisés (cosmétiques, articles de sport...) sont écartés. C'est à des produits simples, non transformés, que le concept de commerce équitable s'applique le mieux : café, riz et thés, par exemple.

© Eyrolles Pratique

5. Les consommateurs citoyens

Intentions de fréquence d'achat
établies en réponse à la question :
« À quelle fréquence achèteriez-vous ces produits ? »

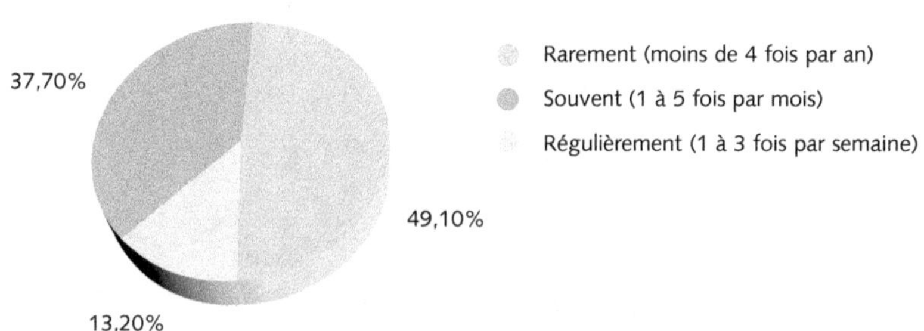

L'acte d'achat n'est pas encore intégré dans les habitudes de consommation, il reste largement un achat exceptionnel, sûrement en raison de son association, toujours aujourd'hui, à un acte de solidarité, voire de charité.

Taux de satisfaction des clients
du commerce équitable et pourquoi
établi en réponse à la question :
« Êtes-vous satisfaits de ces achats, et pourquoi ? »

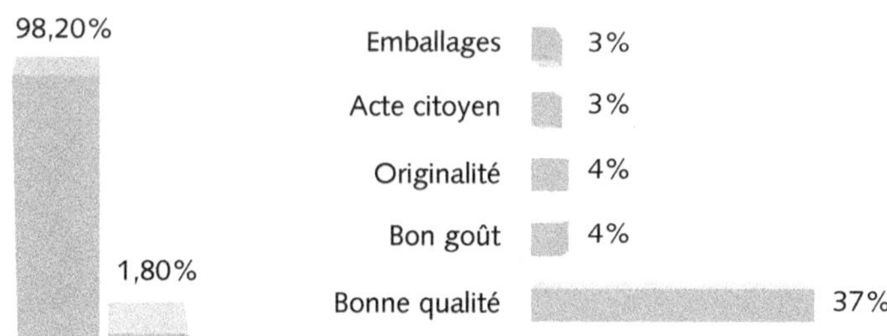

Les produits du commerce équitable sont associés à une qualité supérieure pour ceux qui les consomment. Le niveau et les raisons de la satisfaction client laissent donc présager un bon taux de ré-achat, par une intégration progressive dans les habitudes de consommation, puisque le produit est « bon ». L'achat et surtout le ré-achat ne sont pas liés à un acte citoyen mais plus à la qualité du produit.

© Eyrolles Pratique

Le commerce équitable

L'intérêt du consommateur d'en savoir plus
établi en réponse à la question :
« Sur quel(s) aspect(s) désireriez-vous des informations ? »

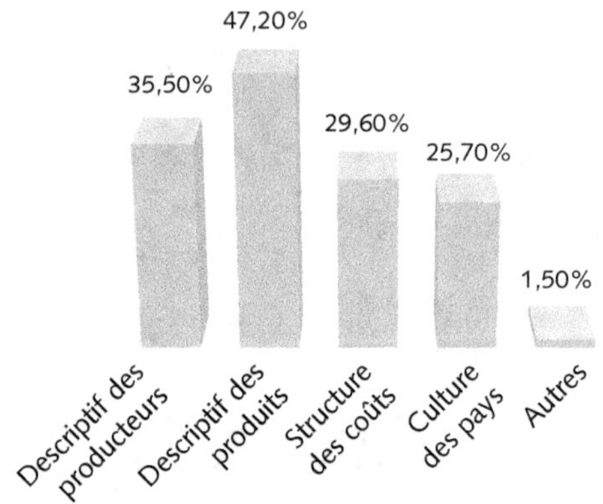

L'intérêt du consommateur est avant tout porté sur les spécifications du produit, il recherche en premier lieu le bénéfice client, il désire aussi connaître ceux qui font le produit et la vraie répartition des marges pour justifier son achat.

Les sources d'information à privilégier

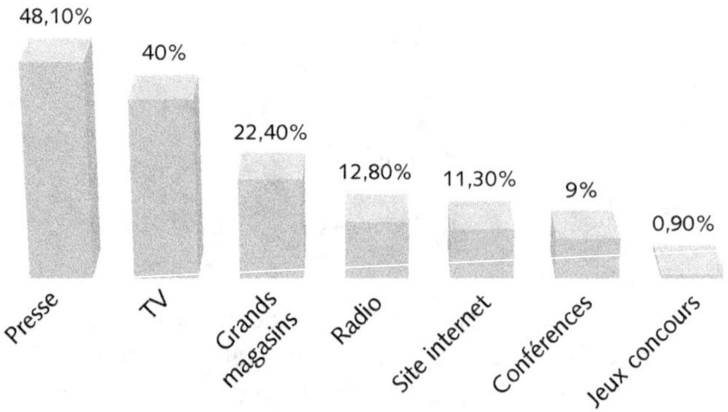

Les médias ont la plus grande légitimité pour développer la notoriété du commerce équitable. Ils y jouent un rôle crucial La promotion du commerce équitable doit être faite par des acteurs indépendants.

© Eyrolles Pratique

Ce qu'il faut en conclure

Le consommateur type est une consommatrice de 25-59 ans, vivant en milieu urbain et d'une catégorie socioprofessionnelle moyenne ou supérieure. Elle a conscience des enjeux du commerce équitable, mais privilégiera toujours la qualité comme premier critère d'achat.

Les acheteurs de produits équitables montrent un niveau de satisfaction très impressionnant qui annonce un avenir prometteur au commerce équitable.

L'acte d'achat équitable reste néanmoins pour l'instant un acte isolé et inhabituel, l'augmentation du référencement en grande distribution pour institutionnaliser le geste est une nécessité afin d'augmenter de manière significative les parts de marché des différents produits.

L'approche du consommateur envers le commerce équitable, ou du consom'acteur au militant

À savoir !

C'est au consommateur que revient le pouvoir de décision final sur l'avenir du commerce équitable. Il ne s'en rend pas forcément compte, mais c'est lui qui dirige le marché et a le plus de pouvoir puisqu'il est en bout de chaîne et que, sans lui, le commerce équitable est sans fondement.

Le rôle du consommateur est essentiel, c'est lui qui adhère ou sanctionne la démarche en aval. La demande est le point de départ de tout engagement d'un distributeur. Si celui-ci n'est pas convaincu qu'elle existe réellement pour les produits du commerce équitable, aucune chance de les voir apparaître en rayon. Mis à part dans les circuits spécialisés (type Artisans du Monde), le commerce équitable n'aura pas d'avenir si la demande n'est pas croissante, massive et durable. Ainsi est-il du ressort du consommateur de décider si le commerce équitable est une mode ou un réel change-

© Eyrolles Pratique

ment de façon de consommer. Lors de différentes conférences, c'est la question qui revient souvent : « Est-ce une mode ? Les produits ne risquent-ils pas de disparaître des rayons du jour au lendemain, une fois que le distributeur se sera valorisé à travers cette démarche ? » La réponse est en réalité aux mains des consommateurs. Le distributeur ne fait que répondre à leur demande, il n'y a pas d'offre qui créée sa propre demande, c'est un principe fondamental du marché. Il n'y a pas non plus de complot, de calcul purement opportuniste du distributeur. Seul, il ne peut rien, il dépend avant tout du marché, de la demande, c'est-à-dire du consommateur.

Ainsi, suivant sa propre sensibilité politique et citoyenne, chacun peut manifester au côté des mouvements anti-mondialisation, s'impliquer dans des mouvements politiques, associatifs, syndicaux, ou, tout simplement, consommer un bon café équitable entre amis ou au bureau… Voici la contribution de certains consommateurs et citoyens rencontrés depuis la création d'alter Eco, pour partager sur le rôle qu'ils jouent dans le développement du commerce équitable :

Sarah, 25 ans, Paris

J'ai été surprise de constater que les produits du commerce équitable étaient d'une qualité généralement supérieure, à présent je privilégie systématiquement l'achat d'un café labellisé quand je fais mes courses. Pour moi, qui ne suis pas militante, c'est un geste simple, sans contrainte, et c'est pour cela que j'y crois.

Michel, 30 ans

Je participe à toutes les manifestations anti-mondialisation, pour moi il est primordial de faire entendre sa voix, et pour cela il faut descendre dans la rue.

Jean-Luc, 30 ans, Paris

Les échanges commerciaux sont certainement une des clés du développement, en général, et du développement durable, en particulier. Encore faudrait-il qu'ils soient à peu près équilibrés, ce qui est loin d'être le cas entre un pays développé ou une société d'un pays occidental et un pays non développé. Le commerce équitable est certainement une réponse intéressante et constructive.

© Eyrolles Pratique

EXEMPLES

Fabrice, Sartrouville

Nous travaillons actuellement à l'élaboration d'un projet de création d'entreprise sous forme de scoop. Une des activités principales est un « café », avec pour objectif de servir des boissons provenant du commerce équitable, de l'économie solidaire ou tout autre fournisseur se rapprochant de ces valeurs. Afin d'avancer dans notre projet, nous vous demandons de bien vouloir nous communiquer un catalogue de vos produits, ainsi que les conditions d'achat.

Sophie, 46 ans

Ayant vécu plusieurs années à Madagascar, je souhaite monter un projet pour aider des artisans malgaches à vendre leurs produits en France dans le cadre du commerce équitable. Quelle structure envisager, comment m'informer et me faire aider pour faire aboutir ce projet ?

Erwan, Toulouse

Je suis élève en première année à l'ESCEM Poitiers. Je fais partie d'une association, FAIR'COM, qui a pour objet de promouvoir le commerce équitable. Nous sommes huit membres et nous avons plusieurs projets en cours de réalisation. Nous faisons surtout de la sensibilisation et de l'information auprès des étudiants de l'école, dans les maternelles, collèges et lycées (exposés, quiz, etc.). Nous travaillons aussi à la création d'un site internet. Nous allons également faire une « semaine équitable » dans notre école du 17 au 22 février où nous servirons des produits équitables (café, thé, chocolat). Savez-vous s'il est possible d'acquérir des produits à moindre coût, notre but étant évidemment de faire connaître les produits équitables ? Nous sommes en tout cas intéressés si vous pouvez nous communiquer des contacts utiles (associations ou autres).

Agathe, 27 ans

De formation en marketing et gestion des entreprises, je souhaite m'orienter, après une première expérience, vers des postes au sein d'entreprises pratiquant le commerce équitable.

© Eyrolles Pratique

Le commerce équitable

EXEMPLES

Stéphanie, 45 ans

Bonjour. J'ouvre bientôt une boutique à Plombières-Les-Bains. Intéressée par le commerce équitable, je recherche des fournisseurs partageant cette éthique. Pouvez-vous m'aider ? Cordialement.

Noëlle, 31 ans

Je suis très intéressée par le commerce équitable, voire par ouvrir une boutique dans le Var (il me semble que ce n'est pas trop connu par ici !!!). Pourriez-vous éventuellement m'indiquer quels sont les débouchés ou plutôt les secteurs les plus porteurs ? Également les démarches à suivre ?

Pierre, 31 ans

J'apprécie la qualité de vos produits et leur plus-value éthique. Envisagez-vous de complétez votre gamme, par exemple avec du sucre de canne en poudre ? Cordialement.

Rodolphe, 38 ans

Je suis membre du CE de ma société et suite à une lettre interne sur le commerce équitable, il me semble que mon CE pourrait être pour vous un relais commercial pour commercialiser en particulier du café et du chocolat. Quelles sont les conditions de ventes de vos produits ? Il me semble important pour moi de tout faire pour la promotion du commerce équitable. En espérant recevoir une réponse rapide, recevez madame, monsieur, mes salutations distinguées.

Louis, 29 ans

Je désire développer un commerce entre la France et L'Indonésie répondant à la charte de la Plate-forme pour le développement durable. J'ai des contacts dans ce pays auprès d'artisans pour des jouets et de paysans pour le café.

K. H., 26 ans

Bonjour, suite aux événements politiques que mon pays (Madagascar) a connu, l'activité économique s'est interrompue pour la majorité d'entre nous. L'atelier d'artisanat dans lequel je travaillais également. Avec mon époux, qui est français,

© Eyrolles Pratique

nous sommes depuis huit mois en France. À présent que la situation politique est plus stable, l'économie prête à reprendre, nous rentrons très bientôt pour participer au développement dont l'île a besoin, et surtout œuvrer dans un sens « équitable » et non plus tel qu'il a été depuis trop longtemps. Mon projet, j'y arrive : créer une petite entreprise de moins d'une dizaine de personnes, où nous travaillerons l'artisanat à base de matières premières diverses que nous pouvons trouver sur place, entre autres : rabanes, raphia, soie sauvage... pour un marché local mais essentiellement à l'export. Jusque-là, cela se fait déjà. C'est dans la démarche que c'est différent. Je ne vous l'apprends pas, mais trop d'artisans ouvriers sont abusivement exploités. Je désire prouver que l'on peut travailler, tous dans un sens, et que l'intérêt de chacun peut être respecté. J'ai avec moi, en ce moment, quelques échantillons de produits réalisables, dans les conditions ci-dessus. Puis-je rentrer en contact avec une personne de chez vous, qui puisse me conseiller et me guider dans la démarche à suivre. C'est en faisant appel par mail à la Plateforme du commerce équitable que l'on m'a dirigée vers vous. Nous avons le savoir-faire, les matières nécessaires à la création d'objets de qualités et la volonté d'agir.

À vous d'agir !

Suivant notre sensibilité politique, notre vision des blocages dans l'économie mondiale, le commerce équitable propose différentes approches, complémentaires et adaptées aux aspirations de chacun.

Défendez la notion de commerce équitable

Défendre le commerce équitable est la principale mission de ses acteurs historiques.

Les acteurs fondateurs du commerce équitable, en particulier les associations de solidarité internationale qui en ont été à l'origine depuis le milieu des années soixante, sont toujours très actifs.

© Eyrolles Pratique

Le rôle des acteurs historiques est précisément d'être les « maîtres des clés », les garants de la définition et de l'évolution contrôlée du commerce équitable. Ils sont les seuls à justifier d'une expérience significative de terrain, leur motivation et leur légitimité inébranlable, le statut même de leur organisation (soit associatif, soit entreprise détenue par une association) leur confère une légitimité hors de doute.

Leur activité n'est pas lucrative pour leurs membres, c'est une excellente garantie que ceux-ci ne décideront pas un jour de dévier les principes du commerce équitable pour privilégier leurs intérêts propres. Ainsi les acteurs historiques ont-ils pour mission principale de définir et protéger la notion de commerce équitable, surtout si elle tend à se développer à grande échelle. Ils se doivent de dénoncer toute pratique qui se revendiquerait du commerce équitable sans en respecter les critères d'exigence, comme le fait de privilégier les producteurs les plus défavorisés ; jouer un rôle de « garde fou » du système tout en restant ouvert aux nouvelles initiatives et même encourager leur développement en partageant leur expérience.

Militez en promouvant l'idée de commerce équitable...

Le mouvement du commerce équitable doit continuer à être soutenu par des courants d'opinion complémentaires.

Les acteurs du commerce équitable doivent continuer à mener les actions de *lobbying* pour sa reconnaissance auprès des acteurs du secteur classique, des institutions nationales et internationales et, plus largement, du grand public, et pour la dénonciation des dérives du commerce international actuel. Les acteurs historiques sont d'ailleurs assez impliqués dans les mouvements « anti-mondialisation », sous-entendu anti-dérives de la mondialisation, et ont participé aux très larges manifestations de Porto Allègre, Seattle, Gênes ou Johannesburg. Néanmoins, ce militantisme affiché, s'il a une vraie utilité dans la mobilisation de l'opinion publique, doit rester tolérant vis-à-vis des praticiens plus consensuels du commerce équitable et des autres acteurs du développement durable qui ne considèrent pas que le développement du commerce équitable passe inévitablement par une remise en cause complète du système néo-libéral actuel.

© Eyrolles Pratique

... Ou consommez dans la grande distribution et faîtes progresser ainsi la notoriété et les ventes dans ces circuits

À savoir !

Le rôle des acteurs de la grande distribution reste prioritairement la maximisation des volumes de vente et de la visibilité du commerce équitable auprès du grand public.

Les circuits de commercialisation largement développés, en particulier ceux de la grande distribution où les consommateurs réalisent la majorité de leurs achats (plus de 80 % des achats de consommation courante y sont réalisés en France), restent la voie d'ouverture de nouveaux débouchés prioritaires, à l'image du développement des ventes des produits issus de l'agriculture biologique. Le développement de marques spécifiques de commerce équitable, soit sous la marque de distributeurs, soit de marques nationales, mettant en avant la qualité des produits, sera le meilleur vecteur de développement des ventes et de dynamisation du marché. Il faut espérer qu'elles entraîneront un rééquilibrage des forces dans les rayons, entre les marques classiques et des marques plus respectueuses des critères du développement durable.

Écrivez à votre marque préférée !!!

À savoir !

Les marques peuvent créer un effet d'intégration positif du commerce équitable en l'associant à l'image de qualité qu'elles incarnent.

On peut espérer que les grandes marques associeront dans la fabrication des produits classiques l'achat de produits aux conditions du commerce équitable, créant ainsi de nouveaux débouchés. On peut prendre à ce titre l'exemple des cafés Malongo, reconnus pour leur qualité, et qui, par le développement d'une référence labellisée Max Havelaar, ont contribué au développement rapide des ventes et associé le commerce équitable à leur image de qualité. Le slogan « Les petits producteurs font les grands cafés » utilisé par Malongo pour de larges campagnes de publicité va dans ce sens.

© Eyrolles Pratique

Le commerce équitable

Plus largement, interrogez les entreprises sur leurs pratiques pour les encourager à changer...

Si pour certaines entreprises l'engagement citoyen est un choix, il n'en reste pas moins vrai que, pour les autres, il est urgent d'agir car avoir une bonne image auprès du public et prouver régulièrement qu'elle est justifiée devient absolument nécessaire dans le contexte mondialisé actuel. Les entreprises qui ne s'engageront pas sur ces thèmes mettront en péril leur survie. Réintroduire les valeurs dans le processus de création de richesses des entreprises est essentiel pour leur futur.

Au niveau du commerce équitable, le rôle du secteur classique ne doit pas être considéré comme en contradiction avec celui du secteur spécialisé : Tous deux sont au contraire complémentaires, le premier aidant au développement de nouvelles filières et de nouveaux produits, le second permettant le développement de ces filières et produits à grande échelle. Le premier mobilise en priorité le citoyen, le second en priorité le consommateur. Le premier pilote la maîtrise des critères et l'évolution du concept, le second maximise sa valeur ajoutée en terme de vente pour les producteurs.

Quelques exemples de grandes marques internationales, entreprises citoyennes de par le monde

Il existe des marques modèles du secteur classique qui montrent que la distinction entre acteurs classiques et spécialisés n'est pas si évidente. Elles prouvent qu'il est parfaitement possible d'allier éthique et réussite économique et financière :

En premier lieu, les fameuses glaces Ben and Jerry's. Leurs fondateurs, Ben Cohen et Jerry Greenfield expliquent comment le fait d'avoir des principes éthiques implique une fidélité accrue de la clientèle et des salariés... et des profits en augmentation (Ben and Jerry's a été revendu à Unilever plus de 12 fois ses bénéfices en 2000, Unilever s'étant engagé à poursuivre leur politique...).

© Eyrolles Pratique

De même, on pourrait citer les marques comme The Body Shop, Patagonia ou Shell, qui sont toutes engagées dans des démarches de développement durable incluant un volet social et environnemental, en plus du volet économique, généralement bien intégré dans les objectifs de l'entreprise.

Des groupes comme Levis, Toys-R-Us, Avon, Nike, McDonalds, Texaco, Reebok, Sony... ont initié des politiques de citoyenneté d'entreprise incluant ces programmes au cœur de leurs stratégies de développement, comprenant l'avantage compétitif qu'elles représentent. Ces politiques comprennent la mise en place d'audits sociaux et environnementaux, le dialogue avec l'ensemble des parties prenantes, la mise en forme d'un code de conduite, aussi bien chez eux que chez leurs fournisseurs.

Influencez le rôle du politique

« Nous, citoyens de la terre, nous engageons à mobiliser les forces de la société civile internationale autour d'un programme partagé par tous de développement d'une société humaine juste, participative et durable. Ainsi, nous voulons redéfinir la nature et les moyens du progrès humain ainsi que ces institutions qui ne correspondent plus à nos besoins. »

Déclaration des Citoyens de la Terre, CNUCED, Forum des ONG

Pour qu'il s'engage dans la standardisation et la normalisation des critères

Il est du ressort des institutions nationales et internationales de progressivement dresser le cadre des règles du commerce équitable, en partenariat avec ses acteurs fondateurs.

Il n'existe à ce jour aucune contrainte légale quant à l'utilisation d'un argument de vente lié à la qualité sociale ou éthique d'un produit. La Commission européenne s'était contentée d'une communication sur le sujet en novembre 1999 (qui reconnaissait le commerce équitable et sa

© Eyrolles Pratique

valeur ajoutée sociale), mais la Commission n'avait pas jugé nécessaire de statuer de manière réglementaire sur la question, considérant que le marché était bien auto-contrôlé par les organisations de commerce équitable et étroitement surveillé par la presse et l'opinion publique. Seuls les gouvernements belges et italiens ont déposé des propositions de loi sur la mise en place d'une norme éthique et équitable, mais ces démarches n'ont pas abouti sur des normes reconnues de manière significative jusqu'à présent. Au Danemark, en France, au Portugal et en Suède, les gouvernements se sont penchés sur la question, mais il apparaît difficile d'aboutir à la mise en place d'un texte réglementaire en raison de la question de quantification des critères pour ce qui concerne le commerce équitable.

La bonne autorégulation du marché par les associations et organismes certificateurs laisse donc le cadre légal très ouvert en terme de valorisation de la démarche et d'utilisation du caractère éthique ou équitable du produit comme argument de vente. Néanmoins, la prolifération des initiatives dans ce domaine devrait conduire d'ici peu la Communauté européenne à revoir la question.

Ainsi, l'AFNOR (Association française de normalisation), par exemple, un groupe composé des représentants des acteurs fondateurs ainsi que de différentes grandes entreprises et distributeurs, institutions nationales et associations de consommateurs, travaille sur la mise en place d'une définition commune du commerce équitable, en vue d'une éventuelle normalisation de la démarche.

Pour qu'il aide au développement de l'entrepreneuriat solidaire

Les institutions peuvent également jouer un rôle en créant des conditions favorables au développement de nouvelles initiatives dans le domaine du commerce équitable : des bourses de financement de projets ou de fonds d'investissement, par exemple. On peut à ce titre citer les bourses mises en place par le secrétaire d'État à l'Économie solidaire, Guy Hascoët, sous le gouvernement Jospin, qui avaient pour objectif de soutenir des projets d'économie solidaire en création.

© Eyrolles Pratique

Pour qu'il forme et qu'il éduque

Les institutions internationales, nationales et territoriales peuvent prendre en charge l'organisation d'événements ou de formations qui ne sont pas du ressort des acteurs du commerce équitable pour aider les nouveaux entrepreneurs dans ce domaine, ou l'organisation de campagnes d'opinions destinées à sensibiliser le grand public aux enjeux du commerce équitable...

Les étudiants montrent un intérêt croissant pour ces sujets et, même s'ils ne suivent pas cette voie dans leur projet professionnel, la sensibilisation à ces questions est primordiale. Celles-ci devraient être intégrées dans tous les programmes scolaires et universitaires, car la solidarité entre les peuples et envers les générations futures fait partie de notre responsabilité de citoyen. L'éducation et la formation professionnelle ne peuvent se limiter à l'apprentissage de connaissances scolaires ou techniques d'un métier, elles doivent aussi s'attacher à traiter de la responsabilité de chacun à participer au développement humain de notre planète.

Pour qu'il légifère

Encourager l'engagement sociétal des entreprises et en reconnaître ainsi la valeur !

Enfin, pourquoi ne pas imaginer la rédaction de textes de loi, de conditions tarifaires ou d'avantages fiscaux particuliers à l'attention des acteurs du commerce équitable, en particulier pour les structures nouvellement créées dans ce domaine ? De même, pourquoi ne pas imaginer d'ici dix ans, une fois que le mouvement connaîtra un niveau de notoriété suffisant, un référendum sur le commerce équitable, et ainsi mettre les consommateurs face à leurs responsabilités ?

La loi sur les nouvelles réglementations économiques (NRE) stipulait que les entreprises cotées ont obligation d'établir, en plus de leur bilan financier annuel, un bilan social et environnemental de leur activité à partir de 2003. Cette loi met ainsi les grandes sociétés face à leurs responsabilités

© Eyrolles Pratique

plus uniquement dans le rôle de maximisation de la création de valeur pour l'actionnaire mais aussi par rapport à l'environnement et l'impact social de leur activité. L'entreprise reconnaît son rôle sociétal, c'est une avancée majeure. On peut espérer qu'elle entraînera un nombre de plus en plus grand d'entreprises dans la mise en place de chartes de développement durable, et, pour les distributeurs par exemple, dans le référencement croissant de produits du commerce équitable.

De même, l'article 14 de la réforme du code des marchés publics stipule que pour les achats collectifs organisés sous forme d'appels d'offre, on pourra privilégier, à qualité et prix de prestation égale, une offre donnant de meilleures garanties au niveau de sa valeur ajoutée sociale ou environnementale. C'est encore une manière de reconnaître la valeur d'un engagement sociétal de la part d'une entreprise. S'engager pour de meilleures conditions sociales ou environnementales de production peut devenir un avantage compétitif...

Pour qu'il introduise plus de démocratie dans la mondialisation

Au niveau des institutions internationales, la démocratisation du commerce mondial, signifie plus de démocratie dans le marché, plus de représentativité des pays du Sud, plus de poids à leur voix dans les rapports de force actuels.

On peut imaginer par exemple que la CNUCED soit mieux représentée au sein de l'OMC, que son rôle ne soit pas limité à la simple proposition de nouvelles résolutions, mais qu'elle prenne part au vote, en représentant 50 % des voix, ou qu'elle dispose d'un droit de veto sur les décisions prises. Au niveau du FMI et de la Banque mondiale, que les prêts accordés aux pays ne prennent plus, seulement, comme conditionnalité l'orthodoxie financière du pays, mais aussi la participation du pays au développement des populations les plus défavorisées. C'est déjà le cas dans les textes puisque ces institutions, après avoir été fortement décriées, ont entamé une réforme des règles qu'elles imposent aux pays en échange des prêts octroyés. Néanmoins, cette réforme paraît insuffisante encore aujourd'hui.

© Eyrolles Pratique

Pour ce faire, il faut un changement de mentalités en profondeur et une réelle volonté politique de modifier l'ordre des priorités, en un mot, vouloir « changer le monde » ; être convaincu que la course actuelle à la maximisation des profits et à l'accumulation du capital ne peut se suffire à elle-même et qu'elle aboutit à une impasse, si l'on ne prend pas en compte l'intérêt des acteurs les plus défavorisés. Développer les marchés du Sud, c'est pourtant préparer une nouvelle demande future, de nouveaux potentiels de débouchés pour nos économies. Il ne s'agit donc pas de charité, d'un effort unilatéral ; nous pouvons au contraire le voir comme un moyen d'asseoir un mode de développement plus durable de notre croissance économique. Ainsi les politiques d'ajustement structurel doivent-elles s'accompagner de la mise en place de structures d'aide au développement, d'investissements dans les structures productives de populations défavorisées par exemple, afin de soutenir la demande dans le pays.

« La liberté n'est pas seulement le but du développement économique, c'est aussi le moyen par lequel y arriver », affirme Amartya Sen, économiste indien et prix Nobel d'économie, qui met en avant la nécessité d'un accompagnement social des plus pauvres et de mise en place d'un cadre politique démocratique afin d'assurer un développement économique sain et durable des pays du Sud.

Les vrais critères de développement ne se résument pas à la mesure du produit intérieur brut et de sa croissance, comme trop d'économistes occidentaux orthodoxes veulent le faire croire. La vraie mesure du développement, c'est d'étudier en quoi il étend la réelle liberté et le bonheur de l'ensemble de la population. D'autres déterminants comme les conditions sociales, le respect des droits civiques et politiques, l'accès au progrès technologique... doivent être pris en compte pour juger du niveau de développement réel d'un pays, et du niveau de liberté supplémentaire qu'il génère pour l'ensemble des populations. La liberté est le critère universel de développement. On retrouve ici la définition du PNUD du développement humain : « L'élargissement de la palette des choix qui s'offrent aux individus »...

© Eyrolles Pratique

Le commerce équitable

Le marché n'est donc pas capable à lui seul d'assurer la prospérité et la croissance pour tous et on assiste à une remise en cause du « fondamentalisme de marché », qui prétend que le libre échange est en mesure de répondre à tous les problèmes du développement. Le plus n'est pas forcément synonyme du mieux. Il faut réintroduire plus de démocratie dans le fonctionnement des institutions internationales, mieux représenter les intérêts des plus démunis, replacer l'Homme et son environnement au cœur des priorités du système économique. Le changement est nécessairement politique.

En France, un récent rapport d'information de la commission des affaires étrangères de l'Assemblée nationale, intitulé « Pour une mondialisation équitable » (n° 1279, janvier 2004, Édouard Balladur, président et Renaud Donnedieu de Vabres, rapporteur), présente la position des députés vis-à-vis des enjeux de la mondialisation. Si les effets bénéfiques de celle-ci sur la croissance économique sont mis en avant, le rapport n'en rappelle pas moins les déséquilibres croissants qu'elle génère, en particulier pour les pays du Sud. Face à cela « la solidarité doit s'exercer au profit des pays les moins avancés, qui ne parviennent pas à s'insérer dans les échanges internationaux et qui pâtissent plus de la mondialisation qu'ils n'en profitent ».

« Pour une mondialisation équitable », un élément de solution

La commission insiste sur « la nécessité d'inventer de nouvelles formes de régulation au niveau international, en particulier la mise en place d'un nouveau conseil international chargé d'arbitrer les questions relatives à la mondialisation, à l'image du Conseil de sécurité des Nations unies. Celui-ci aurait pour objectif de définir le cadre d'action du FMI et de la Banque mondiale et de les coordonner avec les programmes d'aide publique au développement pour le décollage des pays les moins avancés. Il pourrait recevoir compétence pour décider de la création de taxes mondiales et leur affectation (taxation des flux financiers, des ventes d'armes, des émissions de gaz à effet de serre...). Il aurait enfin pour mission de définir la liste des biens publics mondiaux qui justifient la mise en place de régimes dérogatoires aux règles de la concurrence et du libre-

© Eyrolles Pratique

échange à l'échelle mondiale pour des raisons d'intérêt général. Ces biens publics pourraient appartenir à des secteurs d'activité aussi divers que la santé, l'éducation, la qualité de l'environnement ».

Un tel conseil international permettrait de recentrer l'OMC sur sa fonction commerciale, plutôt que de lui donner à trancher des conflits d'ordre politique (périmètre des services publics, protection des économies des pays du Sud, coordination des politiques des institutions de Bretton Woods, réduction des mouvements spéculatifs conduisant à la formation de bulles financières, diffusion des médicaments génériques dans les pays en voie de développement...)

« Ce conseil aiderait au renforcement et à la meilleure articulation des différentes instances des Nations unies, en particulier l'OIT qui devrait être dotée d'une juridiction sociale internationale dotée de pouvoirs de sanction comparables à ceux de l'ORD » (l'organe de règlement des différents de l'OMC). L'OMS deviendrait chef de file pour la question de l'accès aux médicaments essentiels dans les pays en voie de développement. Dans le domaine environnemental, le rapport préconise « la création d'une organisation mondiale de l'environnement afin d'engager l'ensemble des États dans le cadre d'une politique environnementale mondiale ». Toujours d'après le rapport, « cette institution devrait être dotée de pouvoirs de sanction ».

Au niveau national, le rapport préconise l'organisation d'un débat national sur le sujet de la mondialisation. Celui-ci ferait intervenir l'ensemble des parties prenantes (associations, politiques, citoyens, entreprises...).

Au niveau politique en France, le débat sur la mondialisation dépasse le clivage traditionnel gauche/droite. Même les parlementaires de droite, que l'on ne peut taxer de « militants alter-mondialistes » reconnaissent les effets négatifs de la mondialisation et la nécessité de régulation au niveau national et international. Ce sentiment est partagé par tous, plus personne n'ose prétendre que les déséquilibres actuels pourront être réglés par plus de libéralisation. Le débat a donc évolué au cours des 20 dernières années, et un consensus se dessine autour de la nécessité de réguler la mondialisation.

© Eyrolles Pratique

Le commerce équitable

Dénoncez la politique du « laisser faire » qui n'est qu'un prétexte...

Aux États-Unis, les conservateurs prennent pour article de foi que moins d'interventionnisme d'État implique forcément plus de croissance économique pour tous. Mais le modèle libéral du sacro-saint « laissez faire » n'est qu'un prétexte car la richesse des riches repose au contraire sur un interventionnisme d'État et, en particulier, sur le contrôle croissant des riches sur les décisions politiques, des *lobbies* industriels et financiers par exemple. C'est l'aboutissement à une « financiarisation » de nos sociétés qui sont mises au service des intérêts des géants de l'économie, au détriment des citoyens, en particulier des plus nécessiteux, et des gouvernements eux-mêmes qui sont de plus en plus instrumentalisés. Nous vivons dans un système ploutocratique (le pouvoir aux riches), qui a conduit à l'accroissement de l'écart entre les riches et les pauvres, que ce soit à l'intérieur de nos sociétés développées ou entre les pays riches et les pays pauvres. La plupart des pays, et en particulier les pays du Sud, ont abandonné leur foi en un État fort et interventionniste qui régule le marché pour la solution miracle de la libéralisation et de la dérégulation, les politiques en faveur de la libéralisation et du laisser faire étant actuellement privilégiées pour initier un processus de développement. Mais une fois les grands groupes et le libre marché établis, ces pays risquent alors de ne plus être en mesure de contrôler quoi que ce soit.

Pour vous, citoyens, la bataille consiste à la reconquête du pouvoir pris par le marché

À l'image de Michael Moore, pour sa prise de position et sa volonté de mobilisation et de réveil des citoyens, dans ses meetings et à travers ses films grand public : dans *The Big One*, en particulier, il explique qu'il a rencontré un homme d'affaires dans l'avion avec lequel il a eu une discussion autour de la question « pourquoi les entreprises qui font des profits licencient-elles ? » C'est le cœur du sujet du film. L'homme d'affaires lui

© Eyrolles Pratique

donne une réponse standard : « C'est du fait des investisseurs, de ceux qui détiennent le capital et veulent un retour maximum sur investissement. » Moore réplique : « Les investisseurs vous dites ? J'entends toujours ces deux mots : investisseurs, profit, investisseurs, profit... mais j'ai lu notre constitution et nulle part je n'ai vu écrit ce mot ; par contre, j'ai vu écrit le mot citoyen à plusieurs reprises. Nous ne pouvons empêcher l'entreprise de faire des profits, nous ne le pouvons pas ? Si, bien sûr nous le pouvons ! » Réintroduisons un peu de démocratie dans notre société et redonnons au citoyen la place centrale qui lui est dédiée, plutôt que faire passer devant le sacro-saint droit du capital.

En conclusion

Comme nous l'avons vu, il existe un décalage entre le consommateur et le citoyen. Lorsqu'il s'agit de parler du « concept » du commerce équitable, tous s'accordent à dire que c'est une notion à défendre. En revanche, une fois en magasin, le citoyen se transforme en consommateur, et, là, son attitude vis-à-vis des produits du commerce équitable prend une autre dimension. Comme pour tout produit, ce qui compte avant tout c'est le rapport qualité/prix, quelles que soient les valeurs défendues par le produit. Ainsi, la qualité des produits et leur prix, la qualité de l'offre équitable seront la condition de son succès à long terme.

Le consommateur citoyen ne sera prêt à user de son pouvoir d'achat pour soutenir le concept de commerce équitable que si les produits satisfont ses exigences de consommateur. Or, cette approche est le garant de la réussite du concept : le commerce équitable doit représenter un réel avantage, être un pari gagnant pour tous. Il ne peut y avoir un perdant dans la chaîne de valeur produit sans mettre en péril le succès de l'échange marchand.

© Eyrolles Pratique

Le commerce équitable

Pour l'instant, le consommateur paraît très satisfait de la qualité des produits. Ceci se manifeste par l'augmentation rapide et soutenue des ventes de commerce équitable dans l'ensemble des pays du Nord. Les derniers chiffres en Europe et aux États-Unis confirment une tendance forte, qui n'en est d'ailleurs qu'à ses débuts. Espérons que les différents acteurs du commerce équitable continueront à placer la qualité au centre de leurs préoccupations et qu'ainsi, le développement à long terme du commerce équitable sera garanti...

Le développement durable et le commerce équitable qui est un de ses outils sont plus des tendances de fond que des modes. Leur bien-fondé est à présent partagé par la grande majorité de la classe politique et, plus largement, de la société civile. Les mentalités ont réellement changé et on retrouve cette évolution au niveau mondial. Dans la plupart des pays visités lors des audits, on se rend compte que la notion de développement durable émerge et que la classe politique, les associations locales et, plus largement, la société civile prennent de plus en plus conscience de ces enjeux. Il s'agit d'une vraie évolution dans les modes de pensée. Cette évolution paraît irréversible. À présent que l'on connaît l'ampleur des impacts négatifs et des inégalités que la mondialisation peut créer, on ne peut plus se voiler la face, oublier, et revenir à des modes de consommation et de croissance similaires aux années quatre-vingts.

Certes, il faudra du temps avant que ce changement de mentalités ne se traduise en actions concrètes pour tous, et les modes négatifs de mondialisation sont encore bien présents, mais un tournant est amorcé. Espérons que la mise en place concrète et généralisée de la régulation de la mondialisation n'arrivera pas trop tard...

© Eyrolles Pratique

Conclusion

Le commerce équitable présente une valeur ajoutée certaine pour les producteurs des pays pauvres et une alternative possible au commerce actuel. Le modèle est prouvé chaque jour sur le terrain. De plus, il présente de très forts potentiels de croissance, particulièrement à travers son introduction dans la grande distribution, comme le café labellisé Max Havelaar a pu le prouver. Cette croissance des volumes est nécessaire pour faire face à l'accroissement des capacités de production des réseaux de producteurs du commerce équitable. Après une première phase de mise en place, l'heure est à présent au développement économique à une taille significative du concept.

Cette deuxième étape comporte différents enjeux au niveau de la maîtrise de critères, de la maîtrise des coûts et de la transparence :

▶ La maîtrise des critères passe par leur standardisation, leur quantification et leur hiérarchisation autour d'une définition partagée par tous.

▶ La maîtrise des coûts passe par l'augmentation des volumes et l'optimisation entre le surcoût, le volume de vente, le niveau de marge du circuit de distribution et l'élasticité du prix.

▶ Le développement de la transparence passe par la mise en place d'un système de traçabilité total du produit, restitué au consommateur de manière ludique et interactive.

Le respect de ces trois critères sera la condition du succès du commerce équitable. Le nécessaire développement à plus grande échelle ne doit pas conduire à la diminution du niveau de respect des critères d'exigence. Ce

© Eyrolles Pratique

Le commerce équitable

sont ces critères et leur stricte application d'amont en aval qui permettront, sur le long terme, de construire un mode de commerce réellement au service du développement humain. Le respect des critères au Sud sera condition du maintien de la légitimité et de la réussite du commerce équitable au Nord.

Le commerce équitable n'appelle pas à la charité, il est un nouveau modèle économique performant qui propose de rééquilibrer les rapports Nord-Sud et qui garantit par la même une amélioration de la qualité du produit au profit du consommateur : au lieu de faire acheter de « la publicité en paquet », il privilégie l'achat de la matière première à un prix juste, à un coût qui permet une maximisation de la valeur ajoutée économique, sociale et environnementale du produit. C'est le commerce de demain et il bénéficiera à tous !

Pour favoriser son développement, les acteurs historiques et les acteurs non spécialisés qui prennent actuellement le relais sont fortement complémentaires. Les États, organisations intergouvernementales, associations et, plus largement, les consommateurs et citoyens ont tous un rôle à jouer pour mettre en place un cadre favorable au développement de ces initiatives à l'intérieur du système économique actuel. Il s'agit de proposer un modèle alternatif bénéfique pour tous et centré sur la maximisation du développement humain. Nous ne pouvons imposer ces choix mais devons pouvoir prouver qu'ils sont des choix économiques judicieux et tout aussi performants que notre modèle actuel, avec, en plus, la caractéristique d'être un modèle plus pérenne au niveau de la création de valeur économique parce que moins dommageable à l'environnement écologique et social mondial. Ce modèle passe par un changement de mentalité des acteurs économiques et, plus largement, de la société.

À chacun d'avoir une force de proposition qui permette de trouver l'alternative correspondant à ses attentes tout en favorisant ce développement durable. À nous d'améliorer sans cesse la qualité et la dynamique de notre offre pour qu'elle réponde chaque jour un peu mieux à la demande des producteurs, d'un côté, et des consommateurs, de l'autre, et qu'ainsi, le commerce équitable continue d'être un pari réussi, aussi bien au niveau commercial que de son impact sur le développement humain des populations du Sud.

© Eyrolles Pratique

Annexes

Alter Eco

Les chocolats

Produit : chocolat noir dessert, 200 g
Le savoureux cacao du Ghana est utilisé pour la fabrication du chocolat noir dessert fondant fabriqué en Belgique.

Coopérative : Kuapa Kokoo Union au Ghana
La coopérative ghanéenne Kuapa Kokoo, créée en 1993, regroupe environ 3 000 familles de paysans vivant essentiellement des revenus liés à la production de cacao. Elle offre à ses membres des facilités d'accès aux crédits.

Produits : chocolat noir intense, au lait fondant, lait noisettes et noir amandes bio, 100 g
Le cacao bio provient de Bolivie et le sucre de canne bio des Philippines. Récolté par des petits producteurs, le chocolat est fabriqué en Suisse selon un procédé respectueux de l'environnement.

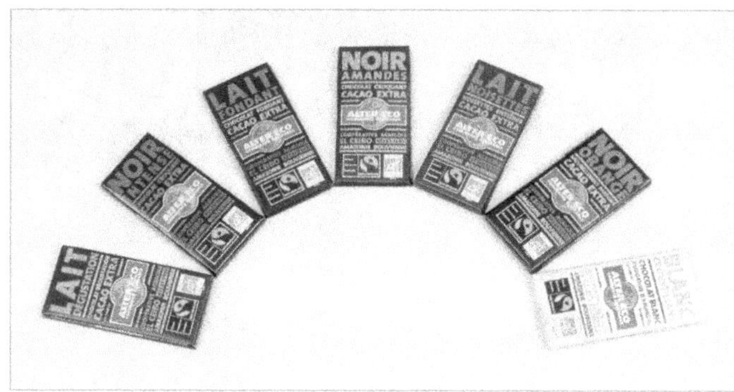

© Eyrolles Pratique

Le commerce équitable

Coopératives : El Ceibo en Bolivie et Alter Trade au Philippines

Créée en 1977, El Ceibo regroupe actuellement 800 familles dans la région de l'Amazonie bolivienne pour optimiser la commercialisation du cacao. Elle assure aux producteurs un prix minimum et des financements pour des projets écologiques et sociaux. Alter Trade, créée en 1987, aide 26 groupes de petits producteurs de sucre. Elle permet une rémunération juste, un soutien technique et financier et des services sociaux aux producteurs.

Les thés

Produits : thé Earl Grey (25 infusettes) et thé vert (25 infusettes) bio, 50 g

Ces deux thés de Ceylan sont issus de l'agriculture biologique. Ils sont cueillis et transformés sur place par les producteurs de la SOFA. Les boîtes de thé sont réalisées à partir de feuilles de palme de culture. D'abord bouillies pendant 3 heures et séchées au soleil, elles sont repassées, découpées en fines bandes et tressées, puis collées sur une boîte en carton.

Coopérative : l'association des petits producteurs de thé biologique de la région de Kandy (SOFA), Sri Lanka

Créée en 1993, dans l'objectif de promouvoir une agriculture raisonnée et durable, cette association regroupe actuellement 498 membres. Ce regroupement et le passage à l'agriculture biologique ont permis de mieux rémunérer les producteurs, de leur apporter une formation et de valoriser le thé produit et les terrains de production.

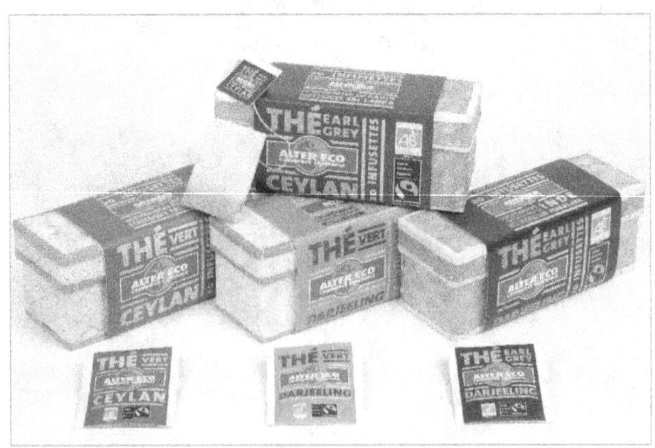

© Eyrolles Pratique

Le cacao

Produit : *cacao poudre bio, 250 g*

Ce cacao fin est récolté, pressé, moulu, emballé et commercialisé par les membres de la coopératives El Ceibo. La production du cacao, suivant les normes biologiques et sa transformation sur place, maximisent la plus-value pour ces producteurs.

Coopérative : *El Ceibo, Bolivie*

Créée en 1977, El Ceibo regroupe actuellement 800 familles dans la région de l'Amazonie bolivienne pour optimiser la commercialisation du cacao. Elle assure aux producteurs un prix minimum et des financements pour des projets écologiques et sociaux.

Le café

Produit : *café bio Sélection, 100 % arabica, 250 g*

Ce café moulu est une sélection raffinée de plusieurs cafés issus de l'agriculture biologique. Cette culture du café soucieuse de l'environnement préserve le sol et emploie des engrais naturels.

Coopératives : *UCPO, Coraca Irupana et Uciri*

UCPCO (Cooperative Union for Small Coffee Producers) au Nicaragua regroupe environ 80 membres. Elle réinvestit dans la formation et dans la santé.

Coraca Irupana regroupe plus de 468 producteurs de café en Bolivie.

Uciri, 2 268 membres au Mexique, réinvestit dans la formation professionnelle et développe la diversification des productions.

Le sucre

Produit : *sucre de canne en morceaux bio, 500 g*

La canne à sucre est récoltée par les paysans de la coopérative El Arroyense au Paraguay. Elle est ensuite livrée à Otisa, la sucrerie locale. On y extrait un sucre roux biologique non raffiné de première qualité. Les morceaux de sucre de canne sont ensuite fabriqués et emballés en Belgique.

© Eyrolles Pratique

Coopérative : El Arroyense, Paraguay

Grâce à la coopérative El Arroyense, les petits producteurs de la région perçoivent un prix supérieur et plus stable pour leur canne à sucre.

Les jus de fruit

Produit : jus d'orange et jus de pamplemousse, 75 cl

Le jus d'orange et le jus de pamplemousse, sans sucre ajouté, gorgés de soleil, sont réalisés à partir de jus concentré d'orange de petits producteurs de Cuba. La production est dite semi-organique puisque aucune utilisation de pesticides n'est réalisée. La transformation en concentré de jus de fruits s'élabore dans le pays d'origine, sachant que chaque coopérative possède des relations avec une usine de transformation dans sa région respective. La transformation du concentré en jus s'élabore en Belgique, grâce aux transformateurs/importateurs, détenteurs du label Max Havelaar.

Coopératives : CPA (Coopérative de production agricole) et CCS (Coopérative de crédits et services) à Cuba

La CPA et la CCS José Marti ont été créées il y a plus de 20 ans. Ces deux coopératives regroupent en leur sein 276 paysans dont 28 femmes. Les bénéfices des ventes serviront principalement à un programme d'amélioration de l'habitat des membres de la coopérative et à un projet de plantation de fruits exotiques. Ce programme a également une visée écologique puisqu'il vise à conserver des fruits qui se cultivent de moins en moins dans cette zone.

Les riz

Produits : riz long grain, Thaï, rouge et riz Violet, 500 g

Les riz proviennent de Surin au nord-est de la Thaïlande, à la frontière du Cambodge. De petits paysans y ont pris l'initiative de cultiver à nouveau le riz de manière traditionnelle. Engrais verts et extraits naturels de plantes remplacent engrais chimiques et pesticides. Les paysans ont monté une organisation pour promouvoir et développer cette culture traditionnelle du riz. Ces variétés de riz sont reconnues en Thaïlande pour leur qualité.

© Eyrolles Pratique

Coopératives : Surin Farmers Support (SFS) et Surin Djan Kat (SDK), Thaïlande

Surin vend le riz en Thaïlande et à des organisations de commerce équitable en Europe. Une entreprise locale (ESAN) se charge de la transformation et de l'emballage, ce qui apporte une valeur ajoutée maximale au pays d'origine. La vente directe à un prix équitable garantit au paysan un revenu décent. Ceux-ci ont créé entre autres une caisse d'épargne et un moulin communautaire.

Commercequitable.com

La gamme Forest People Massage

Origine : Amazonie brésilienne, Madagascar, Thaïlande

La gamme Forest People Bien-être, notamment l'huile d'andiroba aux vertus anti-douleur

© Eyrolles Pratique

Glossaire des principaux sigles

AFNOR : Association française de normalisation

BIT : Bureau international du travail

CNUCED : Conférence des Nations unies pour le commerce et le développement

EFTA : European Fair Trade Association (la fédération européenne des importateurs du commerce équitable)

FCD : Fédération des entreprises du commerce et de la distribution

FLO : Fairtrade Labelling Organization (Organisation de labellisation du commerce équitable)

FMI : Fonds monétaire international

FTA : Fair Trade Audit

GATT : General Agreement on Tariffs and Trade (Accord général sur les tarifs douaniers et le commerce)

GMS : grandes et moyennes surfaces

IFAT : International Fédération for Alternative Trade (Fédération internationale du commerce équitable)

NEWS : Network of European World Shops (Fédération européenne des magasins de commerce équitable)

OIT : Organisation mondiale du travail

OMC : Organisation mondiale du commerce

ONG : organisation non gouvernementales

PFCE : Plate-forme française du commerce équitable

PIB : produit intérieur brut

PME : petites et moyennes entreprises

PNUD : Programme des Nations unies pour le développement

PNUE : Programme des Nations unies pour l'environnement

© Eyrolles Pratique

Principaux sites internet du commerce équitable

- Aid to Artisans (aide aux artisans) : www.aid2artisans.org
- Alter Eco : www.altereco.com
- Artisans du monde (en France, membre de NEWS) : www.artisansdu-monde.org
- Boutic Ethic : www.bouticethic.com
- Carrefour : www.carrefour.com
- Claro (en Suisse, membre d'EFTA) : www.claro.ch
- CNUCED : www.unctad.org
- Collectif de l'éthique sur l'étiquette : www.crc-conso.com/etic
- Commercequitable.com : www.commercequitable.com
- Crafts Center (aide aux artisans) : www.craftscenter.org
- CTM (en Italie, membre d'EFTA) : www.altromercato.it
- EFTA (European Fair Trade Association, la fédération européenne des importateurs spécialisés du commerce équitable) : www.eftafairtrade.org
- Equiterre (fait la promotion du commerce équitable) : www.equiterre.qc.ca
- EZA, (en Autriche, membre d'EFTA) : www.eza3welt.at
- Fair Trade Federation (la fédération nord-américaine des importateurs et distributeurs spécialisés du commerce équitable) : www.fairtradefederation.org
- Fair Trade Organisatie (aux Pays-Bas, membres d'EFTA) : www.fairtrade.nl
- FLO au Canada : www.transfair.ca

© Eyrolles Pratique

- FLO aux États-Unis : www.transfairusa.org

- FLO en France : www.maxhavelaarfrance.org

- FLO au Japon : www.transfair-jp.com/

- GEPA (en Allemagne, membre d'EFTA) : www.gepa3.de

- Ideas (en Espagne, membres d'EFTA) : www.eurosur.org/~ideas-co/

- IFAT (International Federation for Alternative Trade, la fédération internationale du commerce équitable) : www.ifat.org

- Intermon (en Espagne, membres d'EFTA) : www.intermon.org

- Monoprix :www.monoprix.fr

- NEWS (Network of European World Shops, le réseau européen des magasins spécialisés) : www.worldshops.org

- Oxfam Wereldwinkel (en Belgique et aux Pays-Bas, membres d'EFTA) : www.oww.be ou www.wereldwinkel.nl

- PFCE (Plate-forme française du commerce équitable) : www.commerce-quitable.org

- Solidar'monde (en France, membre d'EFTA) : www.solidarmonde.fr

- The Bodyshop : www.thebodyshop.com

- Traidcraft (au Royaume-Uni, membre d'EFTA) : www.traidcraft.co.uk

- Weave a Real Peace (programme d'émancipation des femmes par le développement d'activités textiles) : www.weavershand.com/warp.html

© Eyrolles Pratique

Quelques lectures

- Auroi Claude, Schumperli Younossian Catherine (dir.), *Le commerce durable*, IUED, juin 2001.

- Klein Naomi, *No Logo*, Lemeac/Actes Sud, 2000.

- Laville Élisabeth, *L'entreprise verte*, Village mondial, 2002.

- Reed David (dir.), *Ajustement structurel, environnement et développement durable*, L'Harmattan, 1996.

- Solagra Ritimo, *Pour un commerce équitable*, Éditions Charles Léopold Mayer, 1998.

- Les livrets co-édités par Les Magasins du monde Oxfam, Oxfam Solidarité, Orcades et La Déclaration de Berne :
  - *Le travail en question*
  - *Nourrir le monde ou l'agrobusiness*
  - *Le Sud face à la mondialisation*
  - *La mode déshabillée*

© Eyrolles Pratique

Table des matières

Avant-propos 7

Introduction 9

Partie I : Les fondements du commerce équitable 11

Chapitre 1 : Un commerce mondial inéquitable ? 13

Des facteurs locaux défavorables 17

  Des marchés peu structurés ou verrouillés et une demande faible 17

  Des institutions locales désorganisées et souvent corrompues 20

Des enjeux internationaux à l'origine
de mauvaises conditions commerciales 21

  Des cours mondiaux très bas et très fluctuants
  face aux pays du Sud désarmés 22

  Une pression exercée sur les travailleurs du Sud 25

Le remède est-il aux mains des institutions internationales ? 26

  L'OMC, un grave déficit de représentation des intérêts des pays pauvres . . . 27

  Banque mondiale et FMI, des politiques d'aide
  qui fragilisent les populations les plus pauvres ? 31

  La solution ? 33

Chapitre 2 : Du développement durable au commerce équitable 37

Le mouvement du développement durable : une volonté de rendre le
commerce mondial « soutenable » pour l'homme et son environnement . 39

  Les origines du développement durable 39

  Les retombées au niveau des pratiques commerciales 40

Le commerce équitable : un outil du développement durable 48

  Les fondements théoriques du commerce équitable,
  ses champs d'action et ses atouts 48

© Eyrolles Pratique

L'émergence du commerce équitable 49

Les chartes et critères 53

Le réseau se structure 58

Un deuxième axe d'action : les campagnes d'opinion au Nord 71

Partie II : Du petit producteur... au consommateur. **75**

**Chapitre 3 : Les producteurs... la cheville ouvrière
du commerce équitable.** **77**

D'une petite coopérative à une filière bien rodée 80

Les débuts de la coopérative Surin Djan Kat en Thaïlande 80

Alter Trade, groupement de producteurs
de canne à sucre aux Philippines 88

Les témoignages de quelques acteurs du commerce équitable 97

Le café de la coopérative COCLA au Pérou 97

Le thé des plantations TPI en Inde 100

Les bracelets de l'association Tèbenikètè au Bénin 103

L'huile de massage des producteurs de la communauté
de Maguari en Amazonie brésilienne 108

**Chapitre 4 : Importateurs et distributeurs,
au cœur du commerce équitable** **113**

Le circuit d'importation et de distribution spécialisé 115

Les réseaux de boutiques associatives 115

Artisanat-SEL et son catalogue de vente par correspondance 117

Les boutiques et importateurs spécialisés 118

Le cas particulier des marchés parallèles : le petit et le gros 120

Les réseaux de magasins bio eux aussi engagés :
l'exemple de Biocoop... 120

La consommation hors domicile :
un énorme marché, de fortes contraintes de prix 122

Le pari de la distribution des produits du commerce
équitable dans les grandes surfaces 123

© Eyrolles Pratique

Table des matières

Alter Eco, une marque de commerce équitable
vendue principalement en grande distribution 123

Le marché de la grande distribution 125

Les produits du commerce équitable face à la concurrence 128

Le marché de demain… 133

Chapitre 5 : Les consommateurs citoyens ou « consom'acteurs » **143**

Le profil des consommateurs du commerce équitable, leurs attentes . . 145

L'éthique, une tendance de fond 145

La clientèle du commerce équitable 148

Les attitudes qui la caractérisent 151

Ce qu'il faut en conclure 155

L'approche du consommateur envers le commerce équitable,
ou du consom'acteur au militant 155

À vous d'agir ! 159

Défendez la notion de commerce équitable 159

Militez en promouvant l'idée de commerce équitable… 160

… Ou consommez dans la grande distribution et faîtes progresser
ainsi la notoriété et les ventes dans ces circuits 161

Écrivez à votre marque préférée !!! 161

Plus largement, interrogez les entreprises
sur leurs pratiques pour les encourager à changer… 162

Influencez le rôle du politique 163

Dénoncez la politique du « laisser faire » qui n'est qu'un prétexte… . . 170

Pour vous, citoyens, la bataille consiste
à la reconquête du pouvoir pris par le marché 170

Conclusion **173**

Annexes **177**

Les produits du commerce équitable 179

Alter Eco 179

Commercequitable.com 183

© Eyrolles Pratique

Le commerce équitable

Glossaire des principaux sigles 184
Principaux sites internet du commerce équitable 185
Quelques lectures 187